ZHONGGUO XINAN
XIANGCUN CHUANGXIN
YU KECHIXU FAZHAN
YANJIU LIANMENG ZUOPINJI

中国西南

乡村创新与可持续发展研究联盟作品集

[英]丕毅正（Adrian Pitts） [英]高芸（Yun Gao） 温泉 董莉莉 | 著

中国·武汉

图书在版编目(CIP)数据

中国西南乡村创新与可持续发展研究联盟作品集/[英]丕毅正等著. —武汉：华中科技大学出版社，2020.6
ISBN 978-7-5680-6337-1

Ⅰ.①中… Ⅱ.①丕… Ⅲ.①农村经济-可持续性发展-研究-中国 Ⅳ.①F323

中国版本图书馆 CIP 数据核字(2020)第 114397 号

中国西南乡村创新与可持续发展研究联盟作品集　　　　　　　　　　　　　　　　[英]丕毅正等　著
Zhongguo Xinan Xiangcun Chuangxin yu Kechixu Fazhan Yanjiu Lianmeng Zuopinji

策划编辑：康　序
责任编辑：狄宝珠
封面设计：孢　子
责任监印：朱　玢
出版发行：华中科技大学出版社(中国·武汉)　　电话：(027)81321913
　　　　　武汉市东湖新技术开发区华工科技园　　邮编：430223
录　　排：武汉三月禾文化传播有限公司
印　　刷：湖北新华印务有限公司
开　　本：889mm×1194mm　1/16
印　　张：8
字　　数：231 千字
版　　次：2020 年 6 月第 1 版第 1 次印刷
定　　价：198.00 元

本书若有印装质量问题，请向出版社营销中心调换
全国免费服务热线：400-6679-118　竭诚为您服务
版权所有　侵权必究

中国西南

乡村创新与可持续发展研究联盟作品集

编委会：

英国哈德斯菲尔德大学

  Adrian Pitts，Yun Gao，Ching-Lan Chang，陈果，王维

重庆交通大学西南乡村振兴与城乡可持续发展研究中心

  董莉莉 胡望社 温泉 刘畅 顾韩 姚阳

  许可 史靖塬 董文静 罗融融 黄珂 喻歆植

  余俏 张俊杰 关海长 郭庭鸿 赵瑞一 蔡贤云

云南艺术学院

  陈新 邹洲 王睿 李卫兵

西交利物浦大学

  陈冰 杨楠

香港中文大学

  Li Wan, Xinnan CHI，Edward NG

昆明理工大学

  柏文峰 高露

本书受以下项目资助

- 重庆市 2018 年度巴渝引智项目　　　　　　　课题批准号：20180966
- 重庆市 2019 年度教育综合改革研究课题　　　课题批准号：19JGY45
- 2018 年度国家社科基金艺术学项目　　　　　课题批准号：18BG123
- 2019 重庆市高等教育教学改革研究项目
  ——"一带一路"背景下高等教育国际化人才培养模式改革与实践

前言

该出版物展示了有助于支持中国农村振兴的项目和研究。它包括一系列项目的图纸和说明,以及由活跃于主要位于中国西南地区的乡村发展的一群学术专家和设计从业人员编写的分析论文。

该出版物对于说明考虑到经济、文化和环境方面如何实现村庄的可持续重建至关重要。它包括有关当代设计范例的信息,并指出可能对利益相关者有利的未来方向。通过它为其他从业者提供了灵感,也为当地居民创造重要的积极影响提供了途径。

这些内容是由英国哈德斯菲尔德大学的学术人员发起的协作网络工作产生的,但后来在中国众多设计从业者和学术机构的参与下得以发展。许多团体和个人都参与了这一过程,我们感到非常高兴的是,可持续发展和创造性村庄研究网络已被证明是这项工作如此重要的重点。最初的目的是通过举行一系列专题讨论会和讲习班会议来促进合作与发展,但是该网络及其成果也已产生了超出最初职责范围的重大影响。传播了有关"最佳实践"的信息,并有助于改变从业者之间以及学术机构内部的理解和行动。

我们要感谢合作者核心小组的成员:重庆交通大学、云南艺术学院、贵州民族大学、广西艺术学院、香港中文大学、北京工业大学、西安交通大学、昆明理工大学。我们还要感谢这些机构的财政和后勤支持,以及英国 AHRC(Ref AH/R004129/1)和英国哈德斯菲尔德大学对研究网络的支持。

我们也感谢数百名参与者以及成千上万的能够在线访问活动信息的人,并希望他们的经验与本书一起可以帮助改善乡村和乡村地区的可持续性发展。

丕毅正教授
高芸博士
英国哈德斯菲尔德大学
2019 年 12 月

PREFACE

This publication showcases projects and research that helps support rural revitalization in China. It includes drawings and descriptions of a range of projects as well as analytical papers that have been produced by a group of academic experts and design practitioners who are active in the development of villages mainly located in the region of SW China.

The publication is important in order to demonstrate how sustainable redevelopment of villages can be achieved considering economic, cultural and environmental aspects. It includes information on contemporary design exemplars and indicates future directions that can have beneficial outcomes for stakeholders. Through this it offers both inspiration for other practitioners and pathways to create important positive impacts for local residents.

The contents have been generated as a result of the working of a collaborative network which was instigated by academic staff from the University of Huddersfield, UK, but then developed with the involvement of a wide group of design practitioners and academic institutions in China. Many groups and individuals have been involved in this process and we are we are very pleased that the Sustainable and Creative Villages Research Network, has proved such a valuable focus for this work. The original aim was to foster collaboration and development through the holding of a series of symposia and workshop meetings, but the network and its outcomes have also had significant impacts beyond the initial remit. This disseminated information on 'best-practice' and has helped to change understanding and actions amongst practitioners and also within academic institutions

We would like to thank the members of the core group of collaborators: Chongqing Jiaotong University; Yunnan Arts University; Guizhou Minzu University; Guangxi Arts University; The Chinese University of Hong Kong; Beijing University of Technology; Xi' an Jiaotong Liverpool University; Kunming University of Science and Technology. We also thank those institutions for their financial and logistical support and also the support for the research network from the AHRC, UK (Ref AH/R004129/1), and the University of Huddersfield in the UK.

We also thank the many hundreds of participants in the events and the many thousands who have been able to access information from the events online and hope that their experiences together with this book can help improve village and rural area sustainability.

Professor Adrian Pitts
Dr Yun Gao
The University of Huddersfield, UK
December 2019

目录

第一部分 在地实践

四川地区

四川乡村幼教建筑创作的实践与思考 / 2
Practice Project of Primary Schools in Rural Sichuan / 2

当代竹空间实践 / 4
Contemporary Bamboo Space Practice / 4

重庆地区

长寿区云台镇八字村 5 组李家湾片区人居环境改造工程 / 6
Lijiawan Residential Environment Reconstruction Project, Group 5, Bazi Village, Yuntai Town, Changshou District / 6

重庆武隆后坪乡天池苗王寨旅游规划 / 8
Tian Chi Miaowang Village Planning in Wulong, Chongqing / 8

秀才湾乡村振兴文旅一体化设计 / 10
Integrated Design of Culture and Tourism of Revitalization in Xiucai Bay / 10

重庆秀山川河盖景区游客接待中心 / 12
Tourist Center of Hegai Scenic Spot / 12

石柱土家族自治县中益乡便民服务中心 / 14
Convenient Service Center of Zhongyi Town / 14

重庆市奉节县安坪镇三坨村乡村振兴规划探索 / 16
Exploration on Rural Revitalization Planning of Santuo Village, Anping Town, Fengjie County, Chongqing / 16

重庆市城口县兴田村巴渝民宿 / 18
Ba-Yu Hostels in Xingtian Village, Chengkou County, Chongqing / 18

重庆奉节县兴隆镇六娅村卡麂坪村落更新与旅游发展 / 19
Renovation & Development of Kajiping Village, Xinglong Town, Fengjie County, Chongqing / 19

酉阳县恐虎溪村土家族民居更新改造 / 22
Tujia Residential Renovation of Konghuxi Village, Youyang County / 22

重庆酉阳县山羊村建筑风貌保护与更新 / 24
Protection and Renewal of Shanyang Village in Youyang County, Chongqing / 24

贵州地区

贵州省遵义市桐梓中关村美丽乡村建设 / 26
Beautiful Village Construction in Zhongguan Village, Tongzi County, Zunyi City, Guizhou Province / 26

贵阳市麦翁布依族古寨乡村振兴实验项目 / 28
Rural Revitalization Project of Buyi Village in Guiyang / 28

贵州报京侗寨乡村振兴系列实践 / 30
Practice of Rural Revitalization Series of Baojing Villages / 30

云南地区

哈尼族传统民居在当代的价值再现——以阿者科民宿酒店设计为例 / 32
The Contemporary Value of Hani Traditional Settlement ——A Case Study of Azheke Hostel / 32

大理慢屋·揽清度假酒店 / 38
Manwu·Lanqing Resort Hotel in Dali / 38

乐居村游客中心及乡村建设示范项目 / 40
Leju Village Visitor Center and Village Construction Demonstration Project / 40

光明村震后重建示范 / 44
Post-Earthquake Reconstruction Demonstration Project of Guangming Village / 44

I

云南昆明呈贡老城概念规划设计方案 / 48
Concept Planning and Design of Chenggong Old Town in Kunming, Yunnan / 48

云南昆明呈贡老城东方民族文化创意使馆 / 51
The Pavilion of Cultural Creativity of Eastern Nations / 51

云南昆明呈贡老城休闲娱乐文化中心 / 52
Leisure Culture and Entertainment Center / 52

云南昆明呈贡老城艺术创作空间 / 54
Art Creation Space / 54

云南昆明呈贡老城 / 57
Art Exhibition Space / 57

云南佤族翁丁村保护与更新规划设计 / 58
Conservation and Development of Wengding Village in Yunnan / 58

滇·畔 | 滇池南岸古渡新村概念设计 / 60
Concept Design of Gudu New Village on the South Bank of Dianchi Lake / 60

滇·畔 | 五岛 / 64
Five Island / 64

滇·畔 | 农田景观区 / 68
Farmland Landscape Area / 68

滇·畔 | 湿地读书屋 / 69
Wetland Reading Room / 69

云南省昆明市呈贡区大渔街道海晏村 / 70
The Village of Haiyan in Dayu Street of Chenggong District, Kunming City, Yunnan Province / 70

大渔街道海晏村"生活方式"创客空间 / 73
"Life Style" Renovation Space / 73

大渔街道海晏村青年旅社 / 74
Youth Hostel / 74

大渔街道海晏村时间酒廊 / 75
Time Lounge / 75

云南大理白族自治州古村落中的住宅 / 76
Rural Houses Design in Ancient Villages in Dali Bai Autonomous Prefecture, Yunnan Province / 76

苍东麓舍云南大理的乡建实践 / 78
Township Construction Practice of Cangdonglu Residential in Dali Yunnan / 78

第二部分 乡建研究

中国西南地区农村住宅的可持续设计——改善环境条件和性能的指南 / 82
Sustainable Design of Dwellings in Rural Southwest China / 82

基于群体归属感的小城镇建设调查研究——以重庆市为例 / 96
An Investigation on the Construction of Small Towns Based on the Sense of Group Belonging——A Case Study of Chongqing / 96

西南民族聚落环境气候适应机制研究 / 104
Research on the Climate Adaption Mechanism of Ethnic Settlements in Southwest China / 104

河南省光山县杨帆村可持续改造设计 / 108
Regeneration of Rural Settlements: Practice in Yang-Fan Village, Guangshan County, Henan Province / 108

重庆市合川区塘湾村农宅节能性评定与规划优化设计 / 110
Evaluation and Optimization Design of Rural Residential Buildings in Tangwan Village, Hechuan District, Chongqing / 110

村落自我建造系统需求与更新——以贵州榕江大利村调研访谈为例 / 115
Self-Construction and Update——A Case of the Rongjiang Village / 115

乡村传统工业文化创意小镇规划策略研究——以那柯里茶马驿站文旅小镇为例 / 118
Rural Traditional Industrial Culture and Creative Town Planning Strategy——A Case Study of Nakeli Tea Horse Station / 118

第一部分

在地实践

中国西南乡村创新与可持续发展研究联盟作品集

四川乡村幼教建筑创作的实践与思考

Practice Project of Primary Schools in Rural Sichuan

项目地点：四川省雅安市汉源县唐家镇集贤村

设计团队：肖毅强　华南理工大学建筑学院
　　　　　广州市东意建筑设计咨询有限公司

项目规模：2895平方米　12班幼儿园

项目时间：2015—2017

鸟瞰图

我们的团队自2008年起，参与了中国儿童基金会负责的"手牵手计划"项目，在全国25个国家级或省级贫困地区的乡村进行儿童早教工程设计咨询服务。咨询工作涵盖了从前期项目策划、设计到督建的全过程设计服务。目标在于落实中国乡村儿童友好的软硬件建设。我们在一系列负责的项目中尝试寻找与乡村当地传统文化、土地、气候、生活方式联系的精神纽带，倡导以幼儿友好为主体的设计理念，并使幼儿园不仅是幼儿的教养场所，更可能成为社区中心性的空间场所。

在中国乡村幼儿园的建设经验基础上，我们有幸参与了主持壹基金在四川雅安芦山地震（2013）后的灾后幼儿园建设项目，邀请了全国的设计团队设计了13个援建幼儿园。这里介绍一个我们负责设计的项目：四川省雅安市汉源县唐家镇集贤幼儿园。

集贤幼儿园位于四川省雅安市汉源县唐家镇集贤村，占地面积2490平方米，建筑面积2895平方米。乡村儿童早教资源短缺，唐家镇仅5家民办幼儿园，勉强满足幼儿托管，公办园仍然空白。学前教育常见"小学化"模式，儿童早教的正确理念亟待普及。同时市政设施建设严重

正面图

滞后，卫生条件落后，绝大部分仍为旱厕，威胁儿童健康，不利于儿童卫生习惯的培养。我们明确选择建设可持续发展的公办幼儿园，由教育部门领导监管，有适配的需求、正确的办学理念、有效的管理和良好稳定的师资，使其示范作用最大化。该幼儿园为12个班的大型幼儿园，可容纳360名幼儿。建设的全过程纳入国家建设工程管理系统，进行相应消防、抗震设计，通过应有的审批。并且应用了日照、采光通风等模拟计算手段，对建筑布局和平立面设计进行了推敲、调整，建成后的效果也非常好。

幼儿园整体设计融入环境、提升乡村空间品质，提供开放灵活的活动场所，与乡村生产生活形成互动。建成试用期间，一位儿童在活动露台上看到在田间劳作的外婆，欢快地打招呼，也许他从来没有机会这样去观看

场地总平面图

田野中的农作景象和他的亲人,他站在那里久久不愿离去……这是一个典型中国乡村的人群状态,留守儿童和他们的爷爷奶奶辈一起生活,他们父母远在千里之外的大城市里务工。我们也许不能改变这种状态,但我们可以通过设计让乡村儿童生活得更加快乐。

我们还对建成后的幼儿园进行了使用后评估,总结其优缺点,为将来的同类型建设提供借鉴。总体而言,从确定选址和规模开始,便需要设计师对乡村各方面情况进行了解而后做出决策;设计对场域的尊重和挖掘是实现建筑良好在地性的保障;并通过具有科学理性精神的技术操作,落实对乡村儿童的关怀。

孩子与建筑

融入大山的建筑

中国西南乡村创新与可持续发展研究联盟作品集

当代竹空间实践

Contemporary Bamboo Space Practice

作　　者：杨保新（西南民族大学建筑学院、研筑舍设计工作室）

项目信息："竹园"景观建筑，四川省成都市双流县
　　　　　"竹土公厕"，位于浙江省安吉县
　　　　　"竹廊桥"和"空间三铰拱竹结构单元"

"竹"，一种熟悉的文化符号。竹是诗词书画中高雅俊逸的"君子"，竹是日用之道，被应用到生产生活的各个方面：农耕工具、生活器具等。在这一层面，以精巧竹编为代表的传统竹工艺将工艺性和文化性做了很好的结合，发展程度很高。但是于大一级尺度的"竹空间"层面，一直以来发展水平不高，多呈现出材料模仿、装饰化的风气，缺少探索和创新。这类空间不应该是对木建筑的简单形式模仿，也不应是以表现文化为由将竹作为"装修"材料的装饰应用，当代"竹空间"是以竹作为主要语言，将"材料—结构—空间—形态—肌理"整合于一体，并呈现出"竹"这一元素独特气质的空间形态。而当代乡建语境下，竹空间的"工艺性"和"文化表达"有着重要的意义，"工艺性"体现为与机器美学不同的

竹土公厕

空间三铰拱竹结构单元——游客中心

手工艺建造诗意和人文温度，"文化表达"体现为文学诗意和精神符号。在南方广大乡村，竹材易取，传统手工艺基础尚在，当代"竹空间"则可广泛运用于各类基础设施、农业生产建筑、景观建筑、旅游度假建筑、桥梁、公共艺术等领域。实践中我们采用两种不同的策略："独特性表现"和"通用性应用"，前者主要将传统竹工艺与经典空间结构类型相融合并再创造，呈现极具表现力和体验性的效果，适宜于标识性建筑；后者则充分利用竹材的特性，以极简精练的构件创造一种通用空间单元，在此基础上变化和拓展使之适应不同环境和使用空间，营造出具有原型性的空间，适宜于大量普通建筑。反思目前的实践，我们希望"竹"与"竹空间"不应落入"形式"和"符号"的泥潭，而应该指向更多的探索和可能性。

竹伞厅

竹伞厅

竹廊

竹廊桥

长寿区云台镇八字村5组李家湾片区人居环境改造工程

Lijiawan Residential Environment Reconstruction Project, Group 5, Bazi Village, Yuntai Town, Changshou District

作　　者：常　茂（中冶赛迪工程技术股份有限公司）
项目地点：重庆长寿区云台镇境内，八字村东部片区
设计团队：中冶赛迪美丽乡村设计院
项目规模：约40亩
项目时间：2018年5月

产业融合道路

社会和文化的传承

我们不追寻于探求片面的建筑形态美学与传统的商业模式，更不会醉心于猎奇的设计。面对李家湾，这个自然、朴实的巴渝乡村代表，我们以文化生态学为基础，探索的是乡村产业经济活力的提高、乡村社交活力的再生和乡村传统空间的营造。

云台镇特色效益观光农业园——清迈良园，以水稻为主导产业。为了更好地促进经济、社会文化的全面均衡发展。清迈良园将积极培育生态农业走一、二、三产业融合的道路。

以主导产业为主线，以"少即是多"的概念，深入挖掘"稻"，好好地抓住自己这把稻米。通过三个层次解析主题"稻香"。一闻稻香是味道，二闻稻香是乡愁，三闻稻香是"上善若水"，形成"以善养稻香百里、上善若水载千家"的精神文化。这也是清迈良园所秉持并传递给村名的善。围绕"善"设计水环路，进行精神塑造，以达到李家湾的文化复兴。

设计与乡村的可持续发展

提炼长寿地区多区域文化交融下的地域建筑元素，以简练的传统建筑语言，对建筑的体量、屋顶形式、立面形式进行改造更新。

可持续性：在立面改造上使用符合乡村特色的建造方式和材料，简单，方便，且便于更换和保护。同时也应该激发村民参与改造的激情，积极参与自家立面的改造。

弹性设计：建筑的立面，设定导则、提供改造的选择方案，村民可以根据自己的需求，弹性地选择改造部分。

传统建筑改造

价值选择：对历史的尊重，是本次改造的原则。认识不同阶段背景下产生的建筑，选择具有代表性及综合价值较大的内容，保留其元素，保留原真性。

经济方案的可持续发展

经济可持续发展之路框图

梳理李家湾现有资源，利用当地自然、闲置和人力资源，以村域公共环境、片区建筑风貌、环境整治为三大核心专题，凸显传承与创新的视野，再现李家湾百年来生动的历史记忆与当代的农业发展传奇。

第一部分 在地实践

李家湾全景

乡村的活化

中冶赛迪美丽乡村设计院以一站式方案解决的专家高度，细心研究，识其所来、所其所在、明其所往。

整合资源，从提升产业经济活力、再生社交活力、营造文化空间、提升人居环境等方面入手，直击乡村的问题所在，形成自内而外的心声，使乡村活化。

组织设计项目如下：

一心：李家老宅（精神所在）；

两轴：文化技艺体验轴、农家民俗休闲轴；

三点：稻浪茶楼、李家老宅、七善堂；

六区：李家院子入口展示区、七善堂展示区、李家老宅文化区、农家晒坝体验区、儿童娱乐区、乡村民俗休闲区；

七景：公平·不平则鸣、坚韧·水滴石穿、灵动·曲水流觞、守拙·古井无波、齐心·叠水汇溪、透明·稻田之境、博大·水雾景观。

李家老宅的复建

现状梳理

景观设计

苗王寨

重庆武隆后坪乡天池苗王寨旅游规划

Tian Chi Miaowang Village Planning in Wulong, Chongqing

作　　者：常　茂（中冶赛迪工程技术股份有限公司）

项目地点：重庆市武隆区后坪乡

设计团队：中冶赛迪美丽乡村设计院

项目规模：24.8 公顷

项目时间：2017 年

总平面图

　　天池苗王寨项目区位于武隆区后坪乡文凤村社区，是目前渝东南乃至重庆市保存较为完好的少数民族建筑群之一，规划区占地面积为 24.8 公顷。

　　作为重庆市乡村振兴的示范性项目，重庆武隆区后坪乡天池苗王寨项目总体规划以"产业兴乡、文化兴乡、旅游兴乡"为主要策略。

　　本项目结合后坪乡产业现状及发展规划，围绕"苗医苗药"相关产业，以"苗医苗药，苗药富农"为核心理念，将天池苗王寨打造成为后坪乡产品展销窗口；深入挖掘天池坝的历史文化，重塑天池苗王寨民俗文化体系，增强乡村文化自信。

围绕天池苗王寨的产业定位和文化内核，发展康养旅游和文化旅游。以苗（医）王文化为核心，以苗医苗药为主线，将苗王医药文化贯穿全寨；创新苗寨发展主线，以苗医苗药为突破口，依托高海拔优势、原生态环境及传统手工艺，打造集苗医苗药采摘认知、苗膳体验、工坊体验、药浴养生、精品民宿体验、演艺活动等于一体的云间药养苗王寨。

苗王楼

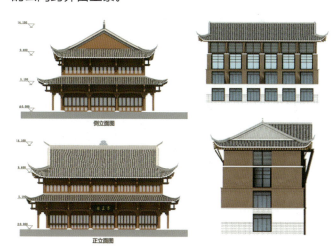

苗王楼改造　　　　　　　　　　　　苗族房屋改造

在建筑设计方面，保护苗王寨传统建筑风貌，对现有建筑进行修缮，活化建筑内部空间，如：闲置房屋改为民宿、猪圈空间改为酒肆或茶室等，既有传统苗寨的风味，又可满足城市游客的生活需求。新建建筑在不影响苗王寨传统风貌的前提下，提取苗王寨传统建筑元素，针对旅游发展需求融入现代元素。

在景观设计方面，深入研究苗族文化，提取文化符号，融入景观小品、铺装等设施的设计之中。景观材料多使用当地乡土材料，如石、木、瓦、竹、树皮等，就地取材，适应性强。

庭院改造根据功能需求和规划主题进行优化布局，例如：未来作为民宿经营的庭院注重休闲空间；作为餐饮茶室的庭院注重外摆需求；作为苗艺工坊的空间注重手工艺展示等。

为凸显乡土氛围，对村内已经荒废的石磨、风箱、簸箕、陶罐、水槽等农具进行回收和改造，运用到公共空间及庭院装饰当中。

宅前景观设计

天池苗王寨鸟瞰图

中国西南乡村创新与可持续发展研究联盟作品集

秀才湾

秀才湾乡村振兴文旅一体化设计

Integrated Design of Culture and Tourism of Revitalization in Xiucai Bay

作　　者：常　茂（中冶赛迪工程技术股份有限公司）
项目地点：重庆市长寿区龙河镇保和村秀才湾
设计团队：中冶赛迪美丽乡村设计院
项目规模：约 140 公顷
项目时间：2018 年

秀才湾旅游路线展示

秀才湾地处重庆市长寿区，是长寿慢城项目的核心区域，跟全国各地大多数的乡村一样，很多年轻人已外出务工，只剩下 20% 的人口留守，且多是老人和小孩。其人居环境治理在 2018 年已基本完成，作为慢城项目的文化中心，秀才湾仅通过建筑风貌的统一和景观环境的提升，并不足以支撑其未来的可持续发展。秀才湾更需要的是乡旅人气的聚集和文化产业的延展，以及对闲置房屋的利用。通过打造文创项目盘活存量资源，带动乡村产业发展，提供就业机会，真正实现乡村振兴的愿景。

在塑造项目灵魂方面，我们围绕秀才湾的传奇故事，以"耕读传家久，诗书继世长"为核心价值观，塑造西南地区的"耕读文化"IP，以文创品牌引领乡村发展。在打造引爆项目方面，我们围绕"耕读文化"，从文化体验、场景营造、文创商品、主题活动四个方面打造具有吸引力的网红项目，在核心项目"一湾书院"中，我们策划了国学讲堂、科举文化博物馆、鹿鸣宴等子项目。我们通过各种资源途径帮助政府对接了清华大学、重庆大学、西南大学等高校知名国际教育者到秀才湾开课。

第一部分 在地实践

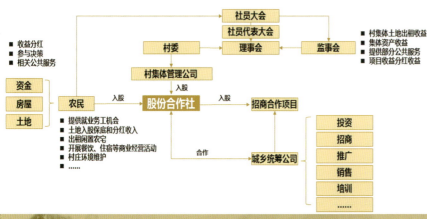

秀才湾介绍

节庆时日策划大型科举文化体验活动，让游客实实在在地体验一次科举闯关。除此之外，我们为政府对接了多家社会资本，在设计之时就初步完成招商，使得每一个项目都能切实、准确的落地，为项目建成后的运营提供了绝对的保障。

而在运营管理方面，我们通过自身资源储备为其接洽国内知名运营团队，同时建议秀才湾成立股份合作社，村民、村集体以土地承包权和集体建设用地入股，企业与合作社签订合作和服务协议，搭建"村—企—民"三方共赢的发展机制。让农民深入参与乡村振兴，实实在在地获利增收。

本项目并没有对整个村落大肆整改，而是保留和集成了本地村民的文化，在建筑上采用川东民居风格，材料方面尽量使用当地废旧材料，进行艺术化处理，做到旧材新用。通过文旅及IP创造，引入真实商业资源，让整个村子拥有可持续发展的产业，以适用于新时代的方式延续传统文化。与此同时，联合政府、社会资本形成使村民可以直接参与的股份合作社，让村民改变以往的陈旧观念，解放思想，迈向现代化的新农村。

本项目最值得一提的是这个项目做的不仅仅是设计，还有文创的植入，资本的引入，搭建政府、资本、设计的平台，保证项目能够真正落地并顺利运营。并在特殊的

村委会（含游客接待中心）

一湾书院（复建）

罗盘山一林茶室

老子山居（民宿）

中国西南乡村创新与可持续发展研究联盟作品集

重庆秀山川河盖景区游客接待中心

Tourist Center of Hegai Scenic Spot

作　　者：余水
设计单位：重庆市设计院
项目地点：重庆市秀山县水源村

基本情况

川河盖景区位于重庆市秀山县，属于武陵山脉中段，海拔约1200米。盖指的是高山上的平地，川河盖景区用地约28平方千米，是险山绝壁上的开阔高原，也是渝东南唯一一片草场、花海特色兼具的大型高山型生态景观区。由于地形的特殊原因，川河盖与低海拔的周边村落联系相对较弱，制约了当地旅游的发展。本项目旨在为位于盖下的水源村规划索道站和游客接待功能为一体的建筑，利用索道这一交通方式解决游客上下盖的问题，带动当地经济发展。

高山上的平地

项目设计主要思路

按照项目前期可行性论证的结果，这个游客接待中心的建设规模为建筑面积6000平方米。但新建的游客接待中心与原生的山地村落之间，如何解决共生共融问题，是项目成败的关键。我们认为需要解决的问题主要有以下几个方面。

（1）体量与民居的协调。

我们在建筑形体的策略上采用地景建筑的方式，让建筑体量在水平方向上发展，使建筑与场地的关系更加贴合游客。周边传统民居均为零散式布局，建筑占地面积小；游客中心的功能集中，建筑占地面积巨大。协调两者建筑体量上的差异是解决问题的关键。体量的设计思路采用叠合、错动的手法控制建筑的占地面积以及与地形高差的结合度。采用切割的方式将建筑分段，形式上建立零散式的布局，进一步减小体量上的差距；采用折形屋面切分后的体量进行再一次的划分，连续的屋面切分与组合，不仅创造了更加丰富的天际线关系，也达到控制体量的效果。同时，考虑环境元素对建筑尺度的再创造，利用建筑屋顶覆土以及地形的遮挡削弱建筑的体量感和延展性。

索道路线示意

游客中心平面图

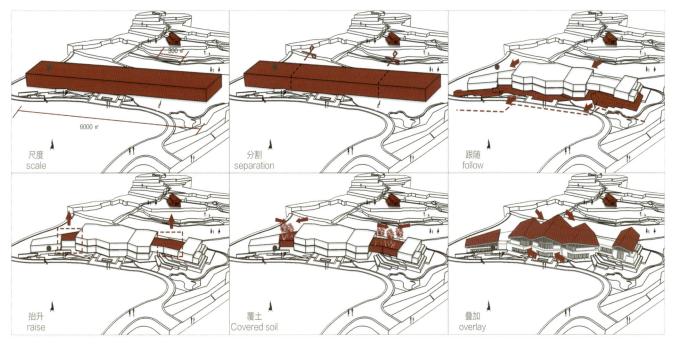

建筑体块的切割

（2）建筑功能与产业发展的融入。

我们对功能的融合充分考虑周边农舍的特点：质朴、原生态。石砌的围栏、木门板灰瓦构建的房屋，给项目的背景勾勒出一副美妙的建筑与山水融合的画面。游客中心保留了三大核心功能——展示、服务、管理，弱化接待夜宿的酒店功能。我们建议将原有村落里部分农舍增加旅游配套的功能，利用现状改为民宿，承担部分酒店功能，为居民带来收益上的增量，实现周边产业的融合性提升。

（3）现代元素与乡土元素的融合。

建筑外墙主要材料选择就地取材，采用石砌的方式，形成由下至上收分的关系；而建筑的顶部，采用木格栅和玻璃的做法，增强大空间的室内采光效果。由于建筑空间大，屋顶采用钢结构形成折形屋面，采用金属瓦的轻巧材质来减小结构跨度的压力，使建筑既有符合建筑功能需求的现代感，又有乡土建筑与周边农舍的融入感。

游客中心实景图

游客中心剖面图

中国西南乡村创新与可持续发展研究联盟作品集

石柱土家族自治县中益乡便民服务中心

Convenient Service Center of Zhongyi Town

作　　者：余水
设计单位：重庆市设计院
项目地点：重庆市石柱土家族自治县中益乡华溪村

便民服务中心用地

便民服务中心总平面图

基本情况

重庆市石柱土家族自治县地处渝东褶皱地带，属巫山大娄山中山区，海拔1300米。中益乡位于石柱县城东北，距离县城有约40千米的山路。由于地势偏远、交通不便，中益乡被纳入重庆的重点贫困乡镇，为了响应政府号召，我们参与了中益乡从规划到建筑设计的工作，开展深度扶贫的攻坚战。本项目是为中益乡华溪村新建的一个便民服务中心。项目用地1000平方米，建筑面积1000平方米，拟建造一个两层建筑，为当地居民提供拥有良好环境的休闲活动场所，并作为当地儿童综合素质教育基地的空间。

项目实践及思考

1. 顺应肌理，内聚为院——建筑与周边关系的融合

项目用地面积较小，且用地形状面宽，宽而进深窄，建筑布局相当受限。所幸紧邻用地南侧有一块面积与用地大小一致的广场用地。本项目对周边建筑的形态及与广场环境的关系给予充分的尊重，将建筑与广场作为一个整体来考虑，建筑轮廓顺应已建项目和道路的肌理关系，南侧以弧形广场空间强调空间的领域感，传统围合的形式加以阶梯方式围合的公共广场部分形成建筑与环境的布局。

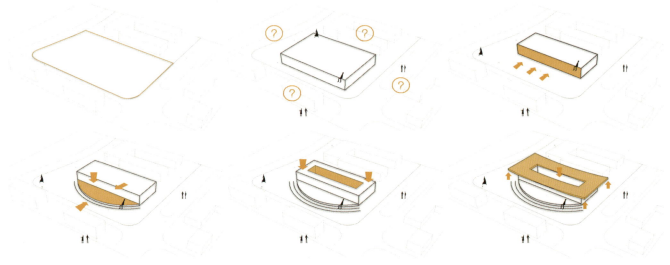

便民服务中心设计思路

2. 广场汇流，四水归堂——传统空间的现代演绎

对于空间层次的思考，本项目采取了用现代手法演绎传统空间的做法。空间虽小但空间的递进层次却可以很丰富。建筑以柱廊为界，形成广场、柱廊、院落的三级空间层次。广场外放，院落内敛，由外至内从环境到建筑形成空间序列的递进关系。既保留了广场的完整性，也强调了院落的仪式感；广场因为高差的因素形成阶梯状，给居民提供了驻足、休憩的交流空间，也为整体空间增添了更多的趣味性。院落的灵感来源于传统民居常见的院落格局——四水归堂。"因花结屋，驻日月于壶中；临水成村，辟乾坤于洞里"，正是传统意境的写照。

3. 巧因于借，坡顶新造：传统造型元素的现代表现

用地以外的建筑大量采用传统双坡的坡屋顶造型，本项目在屋顶的设计手法方面，遵照传统形式现代手法的设计逻辑，形成屋顶两侧高而中部低的手法，体现"举折"手法的现代演绎。弧形屋面出挑建筑的造型，既形成了区别于周边建筑的天际线关系，也在建筑两侧提供了可供居民使用的室外灰空间。设计在材质上考虑建筑的维护成本，用耐久性更高、施工工艺更成熟的金属材料替代自然材料，外立面构件采用竹材，突出质感，使建筑具有乡建风貌的属性。

4. 项目思考——空间传统 vs 现代形式

本建筑设计立意在于空间考虑传统性，而材料和造型具有时代感，这或许与乡土建筑在原生本土的空间、形象及材料上均体现传统特色的主流意识相违背。设计思路只遵循了一个较为隐蔽的连接通道——空间感受与传统建筑的一致性，以此来呈现一个空间近似，但形式多样的乡土集镇。

传统庭院

传统坡屋顶

项目建成后的部分效果图

广场建成效果图

中国西南乡村创新与可持续发展研究联盟作品集

重庆市奉节县安坪镇三坨村乡村振兴规划探索

Exploration on Rural Revitalization Planning of Santuo Village, Anping Town, Fengjie County, Chongqing

作　　者：刘畅（重庆交通大学建筑与城市规划学院）
设计团队：重庆交通大学宜居村镇与乡村规划研究所
项目地点：重庆奉节县安坪镇三坨村
项目规模：7.98平方千米
项目时间：2018年8月—2019年5月

项目介绍

"乡村振兴，规划先行"，乡村规划的科学编制对于引导乡村振兴和乡村的可持续发展至关重要。为积极响应"乡村振兴"国家战略要求，我们主动对接重庆市规划和自然资源局，选取重庆市乡村振兴战略实施"单项实验示范区县"奉节县，作为现阶段探索"规划与设计下乡"的主要研究区，完成的设计成果将提供给奉节县规划和自然资源局、三坨村委，以帮助地方开展乡村振兴实践。

村民诉求与乡情数据的采集

一是建立了"户—村—镇—县"的四级联系网络，对"校—地"合作达成了合作意向；二是参加了重庆市规划局组织的"奉节县安坪镇三坨村乡村振兴战略试点现场会"，听取了参会各职能部门与村民代表的发言；三是围绕"基本情况、生态环境、公共设施、基础设施、农房建设、特色保护"等六方面，对村支部书记、村主任、综合服务专干、综治服务专干、本土大学生等村干部进行了深度访谈；四是在三坨村选取具有代表性的20户农家进行了入户访谈，从"个人及家庭情况、日常生活与公共服务设施情况、住房和村庄建设、经济和产业、基础设施、迁居意愿及经历"等多方面详细地了解了村民面对的现实情况和真实想法。五是对三坨、白龙、大坝三个村进行了较为全面的实地踏勘，工作组成员对研究区域有了全面直观的认识，并采集了大量的图像信息。

发展思路："生产"乡村到"消费"乡村的转型发展

乡村环境之于城市的相较优势将不断凸显，乡村对人口特别是城市人口的吸引力将显著增强，"望得见山、看得见水、记得住乡愁"，"返乡"正在成为人们的一种新选择。"吃在乡村、住在乡村、行在乡村、游在乡村、购在乡村、娱在乡村……"，可以预见的消费市场正在乡村逐渐壮大，"消费群体"与"服务群体"的出现，将成为城市带动乡村发展的"纽带"。

乡村空间重构设计要点

要点1：反思城乡关系，严控城乡人居环境的品质落差

·引导乡村人口向城市有序迁移与乡村人居环境品质提升并重；

·提升乡村聚居空间网络与市政基础设施体系的匹配度；

·优化乡村公共服务供给和设施建设模式，丰富乡村公共服务供给系统。

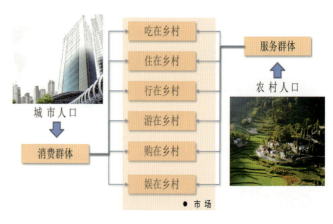

新兴乡村市场的生成逻辑

第一部分 在地实践

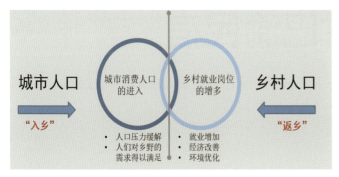

"消费需求"导向下的城乡人口流动新趋势

要点2：重新定义"开发"在乡村的内涵和边界

· 引导乡村人口向城市有序迁移与乡村人居环境品质提升并重；

· 构筑乡村"开发领域"，引导社会力量有序参与乡村建设；

· 以促进经济发展为目的，创新策划乡村项目，以设计实现乡村闲置建筑的再利用。

要点3：乡村的特性及其"责任"的空间回应

· 乡村不是城市，需要我们认知"乡愁"，并将"乡愁"转化为乡村空间的特征属性；

· 重视提炼地域乡土文化的空间语言，强调营造与传承乡村空间特色；

· 优化生态系统空间格局，提升乡村生态系统服务功能，并推动生态资源向生态资产转化。

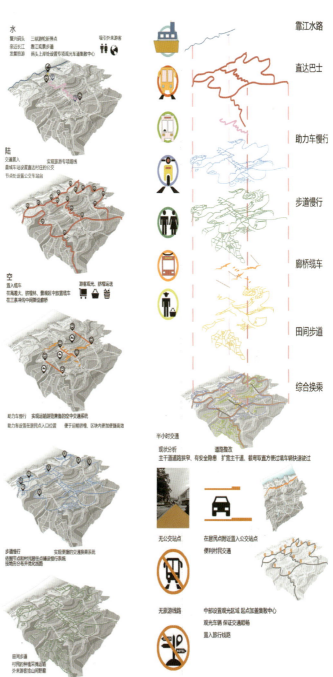

"半小时"乡村综合交通网络发展规划图

乡村接待中心立面图

乡村接待中心示意图

记忆小院：现代企业的乡村会所设计图

17

中国西南乡村创新与可持续发展研究联盟作品集

重庆市城口县兴田村巴渝民宿

Ba-Yu Hostels in Xingtian Village, Chengkou County, Chongqing

项目地点：重庆市城口县东安镇兴田村
设计团队：薛峰 倪澜 杨展 王俊梅 廖谊
项目规模：约 6 亩
项目时间：2016 年 10 月

兴田村巴渝民宿房前院坝

兴田村巴渝民宿实拍

乡土文化景观中的文化传承与创意延续

以乡村旅游为主要方向的乡村建设运动中，现代乡村的"地方"同质化发展趋势，使得人们对原有的"地方"认同感不断弱化甚至模糊。在双向的推拉作用下，乡村的"地方"属性面临着消亡的危机。在实际项目中传统乡土文化景观不仅仅是形而上的工作，更是根植于文化与记忆的传承与延续⋯⋯

本项目充分调研城口亢谷周边地域文化与风俗习惯，提取传统的走马转角楼作为地方文化符号与记忆，作为高山移民贫困户的新居所，通过塑造"原生的巴山渝水、纯朴的乡里人家"，结合自然依山就势、房前院坝、引水入院、人畜分离等总体布局元素，传承走马转角楼的建筑风貌元素，利用当地传统夯土技艺，就地取材，保留了渝东北传统巴渝民俗特征中的"火塘文化""院坝文化"⋯⋯

兴田村巴渝民宿

兴田村巴渝民宿单栋效果

可持续的脱贫

巴渝民宿旨在传承巴渝文化、激活乡村，通过扶贫民宿的共建共营，从传统意义上的开发性建设，转向合作性经营，从以往的"输血"转向"造血"。通过新建民宿集成乡土文化景观特征，留住原住民，保证人文关怀的传承，使原住民获得更安全、舒适的人居环境，同时获得身份的转变，从"贫困户"转为合作运营者，在完成物理空间的搭建后，通过闲置空间的旅游出租获取更多的回报，同时自身成为旅游服务者，文化的传播和价值体现在潜移默化的互动营销中。

借助已有旅游资源，回应市场对文化、体验的热切需求，借用互联网+、创新驱动的综合环境背景，坚持文化传承的理念，依托政策东风，切入精准扶贫工作，盘活存量，扩展农民增收空间，是巴渝民宿扶贫类项目在不断推进的工作。

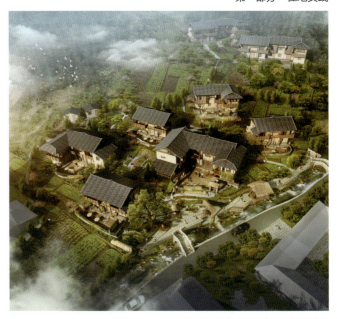

兴田村巴渝民宿效果图

重庆奉节县兴隆镇六娅村卡麂坪村落更新与旅游发展

Renovation & Development of Kajiping Village, Xinglong Town, Fengjie County, Chongqing

项目地点：奉节县兴隆镇六娅村卡麂坪
设计团队：九略（北京）城市规划咨询有限公司
项目规模：约300亩
项目时间：2017—2019年

花屋书院 - 第二个院子

花屋书院 - 茶舍正立面

奉节在长江三峡的黄金旅游带上，是一个重要的旅游城市。它有著名的瞿塘峡、白帝城和天坑地缝。项目距离天坑地缝景区六千米，地点在重庆奉节县兴隆镇六娅村卡麂坪。设计团队承担了从策划研究、规划到未来的整个乡村旅游建设，树立了最大限度保护村落原真性的原则。从一开始，设计团队就跟当地的政府传递一个

概念：这个村里的人是核心和主体。在社会层面，原住民是传统村落的灵魂，唯有原住民融入区域旅游发展，新型城镇化建设才会得以持续；在经济层面，真正的产村融合可为扶贫致富带来持续活力；在文化层面，原住民意味着乡村价值得以回归，乡村文化得以继续传承。

村落肌理延续

设计团队没有轻易去改变原有村落的肌理。基本道路面层用石头铺设，下面铺基础设施管网。建议当地采用生物废水处理系统。用生物方式完善废水处理设施建设，用三个罐子，一个罐子把水存进来，然后第二个罐子里面混合了很多特殊的细菌，使硫、氮和碳的含量降低，然后水通过净化罐（第三个罐子）出来。它可以成为中水，还可以浇灌农田。另外，当地土地比较贫瘠，我们希望可以改善土壤，增加肥力。在研究当地植被的同时，在整个区域中把田和花融合起来，成为一个花田世界。花会引来昆虫，而昆虫的尸体未来会留在土壤里腐烂。这样用三到五年的时间，土壤会开始复苏，慢慢自然形成一个生物系统，土壤肥力自然会提高。

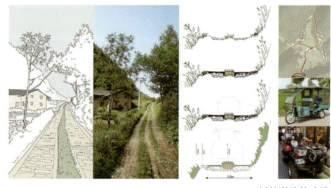

村落道路的改造

村落发展帮扶

当地的村民要创业，也要就业。未来这个地方要做旅游，村民就得上课培训，培训的项目有接待礼仪、客房管理、菜肴制作、消防安全、环境保护、卫生防疫、经营管理等。团队为此专门做了创业手册，辅导村民怎么去做。腊肉是本地人每天餐桌上的美食，每家每户都擅长做这个东西。团队打造一个每年腊月十五举办的乡村腊肉节。通过看杀年猪、吃杀猪饭、看乡村曲、看地方戏、购物、画年猪、画年肉等组织乡民振兴和恢复传统乡村习俗。项目团队还专门制定了农家乐项目引导手册，引导当地乡民发家致富。

研发村落 logo 与产品

村落建筑更新

项目团队同当地村组织协商，选取了几栋有代表性的房屋进行改造。在尊重原有建筑格局的基础上，设计修复了破损的建筑构件，增设了厨卫设施，并根据未来可能变成民宿、博物馆等建筑功能进行了管线的布置。下面列举几个具有代表性的房屋。

卡麂坪学校：该学校为六垭村村委会 1970 年为解决六垭村学生上学而修建，2014 年由卡麂坪古民居旅游有限公司收购并改造为民宿。建筑由两栋近似平行的一字形夯土二层房屋组成。房屋局部一层平屋顶被改造为休息露台，二楼木挑廊进行了一定的加固，中间入口增设了木构架，保留了当地夯土民居的风貌，并按照民宿的功能要求进行了现代化改造。项目改造保留了当时建筑作为校舍的历史记忆，对当地传统建筑在原有功能丧失后如何进行再利用有一定的借鉴价值。

卡麂坪学校大门

卡麂坪学校立面

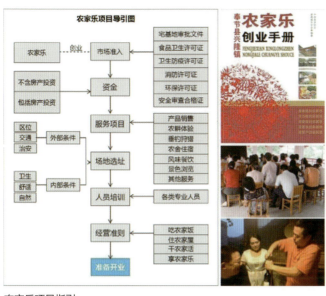

农家乐项目指引

学校室内

花屋书院 - 皂荚树

花屋书院

院落原为清代柳姓大户人家所建。1949年前曾作为私塾和乡政府的办公楼使用。1949年新中国成立后归农民所有，2016年由龙门村村委会购得。该村成为扶贫帮扶对象后，大力发展乡村旅游，并于2017年对该建筑进行整修，院内现有16个房间，可供游客住宿。建筑院落周边环境优美，青瓦土墙，古树苍天，具有"桃花源"式的意境。书院为一两进院落，前院由朝门与敞厅围合而成开敞的院坝空间；后院为尺度亲切宜人的天井。建筑木雕精细，用材考究。龙门茶舍为一字形夯土结构，建筑风貌朴实自然。整个建筑群被古树、绿植环抱，具有典型的田园风光。建筑的更新改造营造了优雅、纯朴的乡村田园环境氛围，充分体现了中国"田园耕读"的传统文化，对乡土建筑的改造和利用较好地维持了原有建筑的空间环境和风貌，延续了文化氛围。

花屋书院 - 书院右视图

通过几年的改造，卡麂坪重新焕发了新的活力：第一，帮助原住民提高了就业能力，使他们融入区域旅游发展中；第二，通过采购当地食材、为当地提供工作岗位，提高了原住民的家庭收入；第三，保护了传统民居和当地民俗文化，基本上实现了乡村文化的原真性。当房子成为生产资料，融入旅游发展中时，原住民完成了从乡村价值的顿悟到参与的转变。设计团队在项目中所做的是给乡村"注智"——让村民富裕，让乡村美丽，让"美丽乡村"转变为"富丽乡村"。因为当老百姓真的富裕了，百姓的物质生活水平得到提高，对于环境保护、乡村美化的意识自然就增长了。

中国西南乡村创新与可持续发展研究联盟作品集

酉阳县恐虎溪村土家族民居更新改造

Tujia Residential Renovation of Konghuxi Village, Youyang County

作　　者：刘畬昊（重庆交通大学西南乡村振兴与可持续发展研究中心）

项目地点：重庆市酉阳土家族自治县

项目来源：该研究项目得到下列重庆市教委课题基金支持：巴渝传统建筑营造体系与技术优化策略研究（编号KJ1600529）

传统营建技术传承的意义

当前随着国家乡村振兴的广泛落实，传统村落中仍然承担着居住功能的大部分传统建筑，在如何保持传统村落风貌的同时，提升其人居环境，满足当代居住的要求是一个迫切需要解决的技术问题。

在一些拥有优美自然环境与深厚历史人文氛围的传统村落，村民通过改造既有房屋以提高自身生活品质成为一大趋势。但是由于缺乏有效的引导与技术支撑，很多村民并不明白乡土建筑的价值和民居改造相关的知识技能。一些人认为传统的建筑营建技术是落后的产物，于是或丢弃老宅新建毫无地域特色的混凝土盒子，或是简单对房屋外观"穿衣戴帽"，而房屋内部仍不符合当代居住需求。因此，需要继承乡土建筑营建技术的合理成分，并通过有效的改造更新，以符合当代居住生活功能，同时延续其乡土建筑的历史与社会价值。

巴渝传统建筑的优秀"技术"基因

巴渝地区曾偏于一隅，特殊的地理环境，悠久的历史文化与丰富的民族文化，造就了这里传统民居朴实、高效、个性的营建技术，在今天看来仍具有旺盛的生命力。这些乡土建筑建造技术的许多优秀品质、技艺水平和科学精神不仅体现在民居的外部形态之中，更体现在整个房屋建造的过程之中，以及乡民们对技术与材料的选择、对

酉阳仍可使用的传统民居（原貌）

国家级传统村落恐虎溪村全貌

建造方法的把握、对具体问题解决中意识的渗入等。在今天看来，这些营建技术仍值得总结和提升。

标准化的建筑模块化制造的关键技术

巴渝建筑的营建活动蕴含人文内涵的建造技艺。工匠们对建造工艺的价值体现，这些都表征出传统技术与人文高度统一的建造技艺。巴渝建筑的主体架构以穿斗构架的"步架"为单元，建立以"间"为单位的空间体系。穿斗构架属于檩柱支承体系，直接以柱承檩，以檩承椽。可根据功能及地势调整进深大小，进深由步架数量控制。采用每柱落地或隔柱落地节约用料。这种"步架"——"间"——"院"——"群"的建造逻辑在建筑的室内划分、现场组装、改加建等方面都具有巨大的灵活性，在今天看来这正符合具有工厂预制化、快速装配化、绿色、低碳、环保的模块化建筑形式。在城乡住宅建筑、新农居建造过程中，将传统建筑的构筑原理应用在钢结构模块化建筑产业化关键技术的开发与应用中，形成建筑部品部件在工厂组装成具有一定功能的建筑单元，可较大程度地实现建筑的"装配式"。研究重点是开展建筑模数化和模块化建筑设计技术；模块单元制造及其连接技术；模块化建筑结构材料及围护材料，达到轻质、环保、绿色的要求。

正处于更新的传统建筑

酉阳仍可使用的传统民居（改造前）

正在利用新技术更新改造的传统民居

酉阳仍可使用的传统民居（改造后）

酉阳传统民居营建技术更新实践

团队选取了一栋典型土家族三合院民居。这栋土木结构的老房子在漫长的岁月磨砺中早已破旧不堪：地面潮湿、木屋架摇摇欲坠、屋面漏雨、墙体倾斜破损、窗户小采光差、气密性差、保温隔热差……经过反复比对和论证，我们制定了以最大限度保留土家族民居传统风貌和营造技术的前提下，兼顾当代居住需求的方案。

（1）建筑结构的加固与保温性能的增强：保留外墙揭瓦落架——新建柱基墙基——加固原有墙体——新建柱子和屋架——铺设屋面防水、保温层——内墙面嵌入保温板与木板墙——地面防水、保温处理。

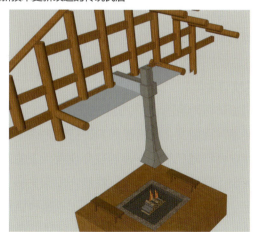
保留火塘增设排烟烟囱

（2）房屋采光的改善：在屋顶增设了木椽子遮阳格栅的亮瓦作为辅助采光带；阁楼部分架设高窗，堂屋原有的木格板墙改设玻璃窗，原有木板改造为可调节百叶。

（3）室内居住环境的改善：保留了土家族民居中家族的象征——火塘，结合屋顶构架设置了被动式排烟烟囱。

原有木格板改造为可调节百叶

（4）水电改造，建筑偏房改造为尿粪分离厕所，建筑配置强电箱、给排水系统、电信接入箱，为后续使用提供必要条件。

中国西南乡村创新与可持续发展研究联盟作品集

重庆酉阳县山羊村建筑风貌保护与更新

Protection and Renewal of Shanyang Village in Youyang County, Chongqing

作　　者：许可（重庆交通大学建筑与城市规划学院）崔智恒（重庆天华建筑设计有限公司）
文章来源：重庆市教委科学技术研究项目（项目编号：KJQN201900749）

1. 引言

重庆具有多民族、多文化共存的特征，土家族是人口最多的一支少数民族，以土家族文化为核心的传统聚落主要集中在重庆东南片区，其中酉阳土家族村落是目前保存最完整的原生态传统建筑群代表。这些村落中存在着大量的传统民居建筑，它们与重庆独特的地域环境紧密结合，呈现出极高的地域民族文化价值。

在乡村振兴背景下，我国新型城镇化建设步伐加速推进，这些土家族村落传统建筑的保护和利用工作开始面临诸多艰巨任务。对具有重要历史文化价值的传统村落而言，如何把传统建筑风貌保护更新与社会主义新农村建设更好地结合，使之产生积极的社会效益，具有重要的现实意义，探索出适应地域条件的传统建筑保护与更新方法已成为当下最为迫切的任务之一。

本文选取酉阳土家族村落山羊村古寨为调研范围，以改善传统村落民生为出发点，通过挖掘山羊村的景观、文化等优势资源，发展乡村旅游产业，对该聚落的传统建筑进行保护与更新，同时也对村落空间进行局部更新，探寻出传统建筑保护更新与少数民族村落活力再生的协调发展途径。

2. 项目背景

山羊村古寨形成于前清时期，拥有原生态自然环境，充满古朴浓郁气息。古寨距板溪集镇 15 千米，海拔约 850 米。全村面积 18.63 平方千米，通村级公路，总人口 427 户 1481 人。

村寨拥有土家族古老建筑特色和技艺特点的传统建筑 150 多座，多以木瓦房传统建筑为主，包括民居四合院、撮箕口、吊脚楼等土家特色民居，其中一些建筑雕梁画柱。该村传统建筑最基本的特点是正屋建在实地上，厢房一边靠实地和正房相连，其余三边皆悬空，靠柱子支撑；厢房多为吊脚楼，依山而建，用木柱支撑，分上下两层，是典型的土家族建筑风格。

山羊村现状风貌

山羊村现状总平面图

3. 现状评估

以山羊村为范围，从村镇历史价值、建筑遗产价值、自然环境、民俗文化等方面对其进行实地调研，发现村落现存主要问题如下：一是居住环境差，卫生、隐私等问题突出；二是村民收入低，青年人口流失多，村落活力不足，现有的乡村旅游产业单一；三是村民加建砖混建筑较多，破坏了传统风貌；四是村内公共活动空间少，有些道路和设施难以满足现代化生活以及进一步开发旅游产业的需要。

4. 设计构思

围绕村落的土家族文化，在探寻土家族历史文化背景的基础上深入研究村寨传统建筑特色，按照分区分级保护原则，通过对核心保护区内传统建筑风貌问题的诊断，运用村落建筑特色符号提出保护性策略，并基于地方诉求，构建与环境、经济、社会、文化相匹配的乡村文化综合体，复合住宿、展示、文娱等功能，为打造富有地域文化特色的休闲旅游村落提供基础设施条件。

4.1 保护原则

对于保护的定义不能仅仅在于修复、重现传统的建筑风格和模仿营造村落空间，更重要的是从改善其生活质量、提高其生活水平出发，通过对山羊村保护的策略、发展的定位、场所和产业的更新，来促进村落的发展和历史风貌的延续。对山羊村传统建筑风貌的保护与更新设计会遵循保护优先的原则，严格控制保护区边界，对村落不同区域采取逐级分层次的保护措施。

4.2 设计目标

在尊重场地完整性、真实性和历史内涵的基础上，依托村落现有布局和肌理，通过对核心保护区内建筑实现保护与更新设计，创造出一个集传统建筑风貌与现代第三产业服务功能于一体的新型聚集区。

4.3 建筑测绘及数据汇编

在村落核心保护区内选取11处重点建筑，对山羊村的村落建筑空间进行测绘，包括重点建筑平面、剖面的测绘以及使用状况的调查，村落空间布局，景观与交通分析，形成完整的基础资料汇编。对重点建筑的调研深入到每家每户，掌握它们的常住人口、历史沿革、风格特点以及现存建筑质量和风貌维持等基础数据，进而对它们各自的建筑质量及价值进行评估，为重点保护建筑实施保护和更新设计方案提供依据。

4.4 规划设计

4.4.1 功能分区

在保护村落现有历史格局和传统风貌的条件下，分析各区域的旅游产业发展潜能，对村落进行整体功能规划，并根据新的产业功能和需求，对局部村落空间进行分区设计。按照建筑分级保护策略，以不同等级的保护建筑与分区划分为基础，将村落功能分为公共接待区、传统民居住宿区、乡村种植体验区、文化体验区四个分区。通过人车流线问题的合理组织与规划，使村落更好地满足现代化生活的需求，为发展乡村旅游产业提供环境基础。

4.4.2 建筑功能更新

在保护、恢复传统建筑风格的基础上，按照核心保

建筑保护与更新

山羊村功能分区规划

山羊村保护规划总平面图

护区不同分区的建筑分级保护原则，针对不同分区内重点建筑进行差异化的功能更新，引入有利于提高村民收入水平的新产业，为发展乡村旅游体验产业创造更多的有利条件。

公共接待区位于村落主入口处，且近年新建的砖混建筑破坏传统风貌较多，可进行改建重建，作为面对游客较为公共的区域，由村口沿线性路径形成完整的"文化—接待—售卖"路线；传统民居住宿区位于村落的中心，是核心区保护规划的重点区域，区内多为重点建筑保护单位，不宜加改建，只适合从肌理、色彩入手，实现民宿区建筑风貌保护基础上的功能更新，单体建筑较小，难以用作其他公共空间或者开展农家乐住宿，但地理位置临近梯田以及农用小路，交通方便、便于管理，适合作为发展种植体验的辅助用房，吸引外地游客进行农作物种植的体验。

现状建筑风貌

贵州省遵义市桐梓中关村美丽乡村建设

Beautiful Village Construction in Zhongguan Village, Tongzi County, Zunyi City, Guizhou Province

作　　　者：傅英斌（傅英斌工作室）
项目地点：贵州省遵义市桐梓县茅石镇中关村
设计团队：张浩然、闫璐、刘洋
项目规模：16.1 平方千米
项目时间：2016 年

中关村美丽乡村建设项目位于贵州遵义桐梓县茅石镇，中关村曾经是一个种植烟草的普通黔北村庄，砖混新房和穿斗式旧民居随着地势错落在山腰间。地处深山的中关村仍然保存着许多优秀而淳朴的传统习俗和文化，村子里仍然保持着对文化的朴素信仰，书法这一中国传统文化在村子里有着相当高的普及率。

作为全国乡村振兴的示范性项目，贵州桐梓中关村项目围绕村内的烤烟产业和书法文化进行规划，打造以烤烟产业和民俗结合的沉浸式休闲度假村，增强产业发展程度和提升文化自信心。

在建筑设计方面，修缮现有建筑，活化建筑内部空间。将高居山坡的地主老宅修缮并改造成为一个用于展示书法文化的空间，并在老建筑的基础之上进行扩建，用作儿童书屋和儿童活动室、村民活动和展示中心，以及驻村社工和志愿者的日常办公空间；扩建部分采用钢结构和大面积玻璃，新旧建筑两部分相互穿插，关系各自独立。

在户外公共空间的设计上，尊重传统，保护成长性。村民习惯于将有字的纸收集起来并在河边统一烧掉，在户外公共空间的设计上，根据村民的习惯设计了敬字炉。在改造的户外空地上设有小广场，以供孩子们嬉戏和村民们休闲娱乐。

在景观设计方面，传承红色精神，纪念红军战士，营造融入环境的景观。红军墓园的设计材料仅仅用了当地的石材和耐候钢两种材料，做到了就地取材。当地的石材能很好地融入环境中，耐候钢暗红褐色与绿色的背景形成鲜明的对比，使整个水平空间更具沉重和庄严的感觉，传达出关于战争中"人文主义"的理解。

围绕村中河道人行桥的搭建，采用简便且稳定的石笼网箱工艺，经过特殊处理的高强度镀锌钢丝经过 PVC 防腐包覆加工后编织成网箱，装填石料后经过绑扎即成石笼网箱。预先平整河床后，将石笼网放置在预先浇筑

桐梓中关村总平面布局示意图

儿童乐园

的混凝土基础上，其特有的柔性结构牢固稳定耐冲刷，可以抵御一定程度的沉降和形变，施工简便，造价低廉，不需无须机械吊装。

自 2015 年起，在当地政府的带动、国家精准扶贫工作以及社会各界的帮扶下，中关村从一个偏僻落后的小村落发展成为依托乡村旅游、绿色产业蓬勃兴起的新型乡村，引起了国内社会各界的关注。2018 年中关村建筑活化项目受邀参加第 16 届威尼斯双年展，同年 11 月 11 日，由清华大学建筑学院、桐梓县人民政府联合中国乡建院共同主办的中国乡村复兴论坛·桐梓站游学探讨活动在此盛大举行。

The Zhongguancun Beautiful Rural Construction Project Area is located in Maoshi Town, Tongzi County, Zunyi, Guizhou. Zhongguancun used to be a common northern Fujian village with flue-cured tobacco. The brick-and-mortar new houses and old-fashioned dwellings are scattered along the mountainside. Zhongguancun, which is located in the deep mountains, still preserves many excellent and simple traditional customs and cultures. The village still maintains a simple belief in culture. Calligraphy, a traditional Chinese culture, has a very high penetration rate in the village.

As a demonstration project for rural revitalization in the country, the Tongguan Zhongguancun project in Guizhou plans around the village's flue-cured tobacco industry and calligraphy culture to create an immersive leisure resort that combines the flue-cured tobacco industry with folklore to enhance industrial development and enhance cultural confidence.

In terms of architectural design, repair existing buildings and activate interior spaces. Renovate and renovate the old mansion on the hillside into a space for displaying calligraphy culture, and expand on the basis of the old building, used as a children's book room and children's activity room, village activities and exhibition center, and resident social And the daily office space of the volunteers; the expansion part adopts steel structure and large-area glass, and the two bodies of the old and new buildings are interspersed with each other, and the relationship is independent.

The ink storehouse

The red army's tomb

Respect word furnace

The pedestrian bridge

Bue-cured house

中国西南乡村创新与可持续发展研究联盟作品集

贵阳市麦翁布依族古寨乡村振兴实验项目

Rural Revitalization Project of Buyi Village in Guiyang

设计团队：丁洋洋　钱可歆　卓莺飞（西交利物浦大学）
　　　　　徐卓　傅晔辰　刘子萱　陈冰（西交利物浦大学）

项目地点：贵州省贵阳市花溪区

项目来源：西交利物浦大学暑期研究项目"可持续乡村振兴研究"（编号 SURF201925）；英国艺术与人文研究理事会 AHRC 基金项目"中国西南地区可持续创新乡村研究"（编号 AH/R004129/1）

基本情况

　　本项目旨在研究全周期乡村振兴的"可持续规划-设计-建造"策略，并以贵阳市麦翁布依族古寨为例，通过构建融合"学、政、企、艺、媒……"等的乡建合作平台，探索在中国西南地区实施乡村振兴的新方法[1]。混合项目团队尝试以"针灸式激活"的微更新方式，由点到线、由线到面地振兴贵阳麦翁布依族古寨。除了进行理论研究、观察和访谈外，我们还将"设计研究（research-by-design）"作为一种研究方法，探索麦翁布依族古寨未来发展的愿景和可能性。最终建造的两个设计节点也得到了当地居民、游客和到访者的认可。

联合工作营项目团队成员表

项目团队单位	团队成员	项目中的职责
贵州民族大学	学生团队：张全伟，王兆丽，李徐，罗朝辉，陈杰，刘瑶，岑柱米，符俊友，雒艳火，陈海，王凤仙，蔡梦婷，黄于丽，张平山，饶思琳，吴娅飞 指导老师：熊媛，陆文，何璘	方案策划、规划、设计和建造
西交利物浦大学	学生团队：丁洋洋，钱可歆，卓莺飞，徐卓，傅晔辰，刘子萱 指导老师：陈冰，张澄	方案策划、规划、设计、建造及使用后评估
贵阳市花溪区溪北社区	赵福春主任，孙定学副书记	协调项目团队与村民之间的关系，促成项目落地实施
中国西南地区可持续创新乡村研究联盟	Adrian Pitts 教授（英国 Huddersfield 大学），高芸教授（英国 Huddersfield 大学），廖含文教授（北京工业大学）	提供乡村振兴不同视角专业方面的指导，如绿色建筑设计策略等
夜郎谷生态园	宋培伦谷主	提供艺术家视角，指导建造活动
BW Warehouse	刘伟老师	参与并指导建造活动，提供资金支持
中铁五局集团建筑工程有限公司	张洪溪（安全部部长）	提供资金支持
贵州同盛建筑设计有限公司	（提供资金）	提供资金支持

麦翁村平面图及两个建造节点位置

在全域旅游的背景下，进行"乡村修补和生态修复"，将其打造为布依族文化对外展示的窗口。从乡村修补的角度，两个设计建造的节点，均在保留原有空间结构的基础上，通过将参数化设计（当代）与本土材料及工艺（传统）相结合，进行场所的重置与再生，为单调的空间增加了美观和互动性，使其成为村民与游客交流休憩、主客共享的场所。从生态修复的角度，团队希望能够增加景观田，以恢复布依族传统的"山水林田村"生态系统。同时保留乡村慢生活的方式，与城市进行良性互动[2]。

项目对村民原来的生活环境和质量保存或继承了什么？

　　该项目采用了"针灸式激活"的方式，并未对村落进行大拆大建，而是基于乡村现状进行微更新。在发展定位中，由于村寨中的传统文化几乎消失殆尽，因此并不希望将麦翁复建为传统古村落，而是借助其区位优势，

项目对村民原来的生活环境和质量有持续性发展的新的内容是什么？

　　项目采用"可持续规划-设计-建造"的方法，用

光影竹廊节点的设计图与实景图

石墙艺巷节点的设计图与实景图

本土材料和传统技术进行建造，易于村民的学习参与和后续维护。相较于传统的参与式建造，该项目采用了由联合工作营先建造一半，若村民认可，再由他们继续建造剩下一半的方式，将参与乡建的主动权交还给村民。同时，项目为地方社区、高校、村干部、村民等多个利益相关群体搭建了一个可以交流合作的平台，能更有效地满足不同需求，自内向外地推进乡村振兴[3]。

项目对村民的观念的改变或带来的生活习惯的变化起了什么作用？

在改造之前，村内几乎没有公共活动空间，大部分公共空地都被用做了停车场，而尚未被占用的公共空间（如党建长廊）的使用率也并不高。但长廊经过改造后，

竹廊夜景

一排排经参数化设计的竹海不仅美化了廊道，提供了夜间照明功能，更重要的是为村民和游客提供了一个可以交流互动的地方。小孩子会来这里嬉戏，游客会来这里拍照留念……一位阿婆说："平时晚上我都走旁边的马路，今天看到这里挂了发光的竹子，就走进来了。"在两个充满布依文化元素的节点建成后的回访中，我们也感受到村民们对自己民族文化的认同感和归属感正在逐渐提升。在这一个月联合工作营的驻村过程中，村民们也逐渐从一开始的充满戒备到后来愿意敞开心扉去谈论他们的一些想法，一步步参与到乡村振兴的过程中来。

项目意义及相关思考

可持续规划 - 设计 - 建造可以取得更好的乡村振兴效果，但这需要不同利益相关者紧密的合作。村民是乡村振兴的主体，但通常他们会因为缺少"共同语言"和"交流平台"而不情愿参与其中。"设计研究"的方法可以更好地帮助不同利益相关群体参与到乡建的过程中，包括村民、村干部、地方社区等，从而促进自下而上的乡村振兴策略（如针灸式激活）的落地实施。多方协作网络可以被视为一个可以平衡不同利益相关群体需求的交流平台。

参考文献

[1] 龚凌菲，章晓萱，李可言，陈冰．设计引导的贵州报京侗寨全周期乡村振兴路径探索[A]．2019中国建筑学会学术年会论文集[C]．北京：建筑工业出版社，2019：378．

[2] 陈冰，康健．英国低碳建筑：综合视角的研究与发展[J]．世界建筑．2010(2)：54-59．

[3] 李京生，张昕欣，刘天竹．组织多元主体介入乡村建设的规划实践[J]．时代建筑，2019(01)：14-19．

中国西南乡村创新与可持续发展研究联盟作品集

贵州报京侗寨乡村振兴系列实践

Practice of Rural Revitalization Series of Baojing Villages

项目地点：贵州黔东南镇远县报京乡
参与单位：贵州民族大学、西交利物浦大学
参与人员：李秋会、胡绪路、龚凌菲、黄谊、王志键、
　　　　　章晓萱、李可言、张羽、邵维九、胡小敏、
　　　　　王述成、张洵、刘泓毓、段忠琴、唐如浪、
　　　　　郭君怡、罗应琦、姚晶晶

所做项目的名字、地点和基本情况

立寨至今已有 300 多年历史的报京侗寨，位于贵州黔东南镇远县报京乡，是北部侗族地区最典型的民族文化传统村寨，衣食住行、生产耕作方式、习俗文化皆具鲜明独特的地域特征和民族特征，曾是我国保存较为完整的侗族村寨之一。报京侗寨是周边村寨侗族人民重大节日聚集地，"报京三月三"侗族情人节为国家级非物质文化遗产。2014 年 1 月以来由于经济文化及现代社会价值体系的冲击，导致居民的传统侗族生活习惯、行为方式、乡村社会结构等也被重构。

从 2017 年开始，贵州民族大学以建筑规划专业师生为核心，以乡村规划、夏季学习实践等课程为基础，将报京侗寨作为研究基地，从总体规划、乡村发展策划、乡村规划、乡村民居设计、景观设计等多个方面在报京侗寨进行实践活动，并联合来自西交利物浦大学在内的多所高校师生、专家学者举办了多次驻扎报京的乡村振兴联合工作营，对报京侗寨的发展进行了持续性关注和研究。

2018 报京侗寨乡村振兴联合工作营合影

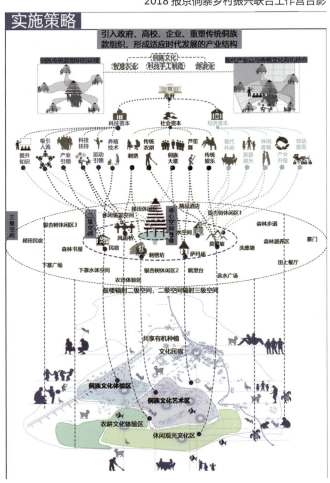

这个项目能够提供的有建设性的意见

本项目通过高校教学研究团体的联动合作，展开多层次的调查研究与设计实践活动，通过多元化手段探索报京侗寨新产业的发展方向，提出了报京侗寨的发展策略及规划方案。

项目建议引入政府、高校、企业等多元化资本支持，建立体验式侗族活态博物馆，以展现北侗地区人民的动态生活模式，在对原生农业产业升级的基础上引入适合报京发展的教育、科研、旅游等新型产业，在增加村民收入的同时能够更好地保护乡村环境，保证可持续发展。

项目尊重报京侗寨传统村落空间格局，以保护传统建筑为原则逐步改造民居建筑，并通过完善基础设施和乡村景观空间营造，提升村民人居生活环境质量，也增

发展策略

加了乡村旅游、科研教育等新产业发展的可能性；在报京改造建设中将侗族传统和现代建造技术进行结合，通过乡村建设，让侗族特有的传统营建技术在报京得到延续和发展。另外，通过对侗族村寨特有的公共空间进行重建和塑造，也能激活乡村公共生活，重塑侗族款组织等社会关系，使得报京侗寨的传统文化能够有机生长。

本项目通过持续多年的校地联合活动，从乡村振兴的价值观塑造出发，培养乡村振兴人才，将社区营造的意识和知识技术带入乡村，提升村民的社区共建意识，推动自下而上乡村振兴策略的实现。更计划在未来通过邀请村民共同参与乡村共建活动，促进村民日常生活生产与传统文化及技术传承、旅游发展之间的有机结合与良性互动，增强民族聚落社会生态韧性，实现民族文化复兴。

村民参与下的方案讨论会

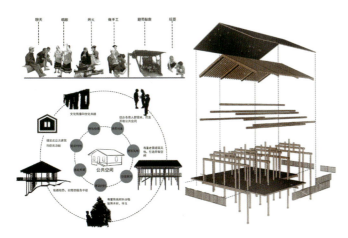

报京发展策略

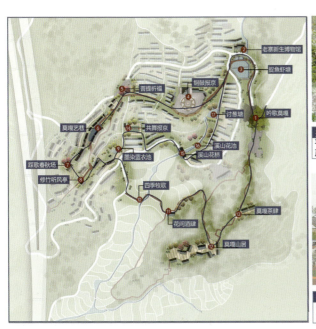

捉鱼虾塘
平日里宁静的小池塘，成了静谧乡村里充满欢声笑语之地。

溪山花池
利用已硬化的土地、道路、池塘收集雨水，减少报京溪断流、水少的问题。

报京侗寨
平日里公共活动的中心，村内孩童娱乐学习的场所，节庆时最热闹的地方。

讨葱塘
平日里朴素的洗菜之地，成了含蓄诉说爱情的甜蜜之地。

报京公共空间规划设计

哈尼族传统民居在当代的价值再现
——以阿者科民宿酒店设计为例

The Contemporary Value of Hani Traditional Settlement
——A Case Study of Azheke Hostel

文章作者：陈新（云南艺术学院设计学院）

摘要

在适应自然环境和社会环境的长期过程中，云南少数民族形成了具有独特地理特征的空间布局和充满智慧的传统民居建筑形式。创造了独特的民族地域文化。本文以元阳原舍·阿者科民宿酒店的改造为典型案例，探讨其中蕴含的建筑文化特征，并将传统民居所蕴含的地域精神运用于现代建筑的创作中。同时使用现代的技术手段对其做出科学的解答。

关键词：阿者科；哈尼族；梯田；聚落保护；民宿

1. 哈尼族传统居民简介

传统民间建筑文化是少数民族文化重要的组成部分，充分体现了当地地域特色和文化特色。元阳哈尼族传统聚落历史悠久，其中以阿者科村为代表的传统村落特色鲜明。近年来，随着现代化进程的推进，这些传统民居面临新的挑战成为大家所关注的新问题。本文在对哈尼族民居聚落现状进行调查和改造的基础上，结合有关历史资料和现有研究，深入分析哈尼族聚落居住区中存在的建筑文化特征的内涵。探索了传统哈尼族建筑理念在当代的价值再现，以"原舍·阿者科民宿酒店改造设计"为例，探究实现哈尼族民居建筑的可持续发展，着眼于构建传统建筑文化与现代功能诉求相统一的建筑风格和形式。

1.1 哈尼族的传统聚落

影响元阳哈尼族聚落选址的因素很多，大致可以分为两类：自然生态因素和社会文化因素。自然生态因素是指人所居住的自然环境，包括地理、气候、地形、地貌、水文等。元阳哈尼族定居区山高林密，哈尼族聚落多建在山腰，选址是否合适取决于当地的种植用地是否可以支撑村民的粮食需求，进一步综合考虑自然条件，综合形成了"山—村—田—水"的面阳背阴的整体形势。

"山"用于蔽寒遮雨与山林生长，并滋生水源。元阳地区高山上6400多公顷森林至今仍是各族人民生产生活的水源之地，灌溉着山岭之上的19万亩梯田。"村"提供了村民的居住生活空间，哈尼村寨的选址尤其体现了古代先民的智慧。由于全县土地全是山地，相对高差2795.6米，最低点仅为海拔144米，气候炎热多雨。哈尼村寨的选址基本都在海拔800~1800米之间，气候潮湿温和，村落布局在视觉上形成了缠绕山体的"带形"村落布局。哈尼梯田不仅提供了生存条件和生存资料，又是个完美的农耕科学系统，可以调节气候、保持水土和防治山体滑坡，反映了适应当地条件的原则和对当地生态环境的科学认识和合理利用。在充分了解自然的基础上，发明了严密公平的用水制度和高效环保的施肥方法，如"水木刻"和"冲肥法"等，位于村落下方逐级下降的梯田内不同经济植物的种植对于人类活动产生的垃圾分层过滤、降解，由此形成了多彩梯田的奇景。"水"，用于浇田与饮用，"山有多高水有多深"，优良的高山植被提供了丰富的水源，是哈尼梯田和聚落的起源，层层流淌而下的水流到山脚汇入河流。合理的"山—村—田—水"，形成有利于人生存居住的自然空间格局。由于地形限制，聚落规模都不大，以大分散、小聚居为主，房屋占地小，正房、耳房不在同一地形标高上，院落中会出现较多的踏步。又因为晒场难以开辟，所以形成了稻谷收割后背回家晾晒的习惯，因此民居的土掌房平屋顶、封火土顶等成了不可缺少的晾晒场所设施。周围的

元阳梯田景观

水土环境对于村落选址非常重要，哈尼族村落周围都有清洁的水源，而且村寨周围的森林植被茂盛，为村民提供了良好的外部生态环境。

1.2 社会文化因素

社会文化因素包括人群和人群所发展出来的社会组织、文化观念以及生产生活习俗等。聚落的选址主要受到了生产力发展水平、群体的经济生活、宗教信仰等因素的影响。哈尼族是一个以山地稻作为主要生产生活来源的民族。哈尼族的文化观念、生产生活与自然融为一体。其梯田稻作可称为自然主义的水稻种植，是可持续发展的生态农业，并形成了哈尼梯田稻作的自然社会基础。梯田稻作的成功使哈尼族社会历史发展进程发生了重大的转折，从漫无边际的游耕和无始无终的刀耕火种中定居下来。这样的生活习俗继承了下来，形成了一套适应其特点的住居文化，也对哈尼族民居的营建产生了巨大影响。红河南岸的哈尼族宗教信仰主要是多神崇拜和祖先崇拜，对山川草木皆有敬畏，因此不能随意破坏周围的自然景物。哈尼族民居聚落选址注意将自然环境要素与人工要素结合起来，形成了一个有机的整体，实现了自然物和人造物的协调。

1.3 结论和讨论

20世纪50年代，法国地理学家索尔提出地理条件决定"生存模式"的理论基础，聚落营建模式正是"生存模式"的重要组成部分与主要空间承载，自然而然地需要回应"生存"所面临的困难。元阳县阿者科村哈尼族山地聚落的营建过程，正是根植当地，适应自然并巧妙地加以利用的过程。最终形成的山地聚落"四素同构"体系，"山—村—田—水"整体空间格局是当地人民赖以生存繁衍为核心的要求，历经数十代人不断摸索、营造、调适形成，是哈尼民族最为朴素，最为牢固的大地空间观念的直接体现，也是生存压力下生存和繁衍的基本空间保障。

考察元阳哈尼族传统山地聚落，"山—村—田—水"的整体格局的形成过程，可以提炼出当地民众在巨大生存压力下形成的聚落空间营建智慧，表现为极度珍惜土地，温和谦卑地与自然相处，注重整体解决的理念。同时，村民们在这个过程中形成了集体定居行为准则，可称为聚居的"生存伦理"。山地少数民族在千年中形成了共同遵循的定居风格，合理处理人与自然的关系，必将为今天的美好乡村建设提供更多借鉴。

当代工业化和城市化的发展以及村民生产生活方式的变化，山地传统聚落形成和发展的条件正在发生改变，传统山地聚落及其建造理念正面临多重挑战。首先生存压力不再是影响聚落的核心因素，由此形成的聚落整体

阿者科村航拍（自摄）

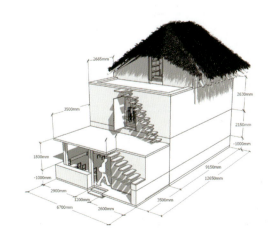

蘑菇房测绘（自绘）

阿者科村貌（自摄）

改造前航拍（自摄）

改造后航拍（自摄）

营建思想面临崩溃危险。农民外出务工的方式获得生存保障，形成劳动力"空心化"。以往最为核心的田地因素，对农民而言已不再重要，因此整个聚落经数百年形成的珍惜田地、保护山林等朴素的生存伦理正在受到侵蚀。群众在梯田景区的周边开挖烂采、砍伐森林，在梯田核心区内私搭乱建房屋、挖沙采石，不科学地施放化肥农药等现象时有发生。现代化的大尺度建筑不断取代传统民居建筑形式，兵营式的布局代替了传统聚落，传统民居建筑和工艺技术面临失传。

其次，无序的城镇化有可能带来传统山地聚落的消亡，或者呈现出"千村一面"的可悲景象。近几年中国处于高速城镇化进程之中，过快而无序的城市化扩张，一方面不断侵占农村土地，部分的传统山地聚落正在被拆迁，从而变为城市。另一方面，城镇化进程正在对大众认知施加巨大影响，"城市代表先进，农村代表落后"这一观念也影响了部分民众，因而在当前的聚落建设中，"建设性破坏"现象层出不穷，不少传统山地聚落的特色正在逐渐消失。

如果连一个位于全球重要农业文化遗产和世界文化遗产的核心保护区的村落都面临着人口空心化、传统断裂、村落凋敝、不可持续的危险，那么，中国乡村发展之路又会在何方？

"红米计划"应运而生。以城市反哺乡村、保育乡村活力为出发点启动的"红米计划"，是一个致力于拯救日益消失的云南元阳哈尼世遗村落的公益项目。2015年4月，由上海伴城伴乡·城乡互动发展促进中心及昆明理工大学联合发起，其宗旨是搭建城乡双行线的联动平台，形成可复制的古村落复兴模式，通过世遗村落的保护及发展旅游导入自主造血，通过民宿为支点撬动乡村建设和产业多元化，通过世遗梯田的物产打通城乡联动的渠道。由此作为"红米计划"中的重要组成环节，我们对"原舍·阿者科民宿酒店"从调研、设计到运营全程参与，也有了一些心得。

2. 哈尼族传统民居传承和发展的思考

2.1 哈尼族传统民居特色的传承和创新

哈尼族传统民居尊重自然并与环境融合，具有鲜明的地域性，对现代地域建筑的创作有一定的启发。现以原舍·阿者科民宿酒店的改造设计为例来加以阐述。

2.1.1 就地取材，因料施用，因时制宜

哈尼族传统民居通常利用村寨旁山林中的木材和竹材，靠人力和简单的施工设备进行建造。这些材料在被运用的时候基本保持了其本身的质地、颜色和肌理，地方材料不仅反映了建筑所处自然环境的面貌，也使建筑具有了不同的表现形式，体现出哈尼人的性格和审美特征，具有明显的地域特征。作为民宿改造，在保留蘑菇房石块、夯土、茅草顶三个基本构造元素的基础上，增加了一个中性、通透元素——无框Low-e双层中空玻璃，

设计效果图（自绘）

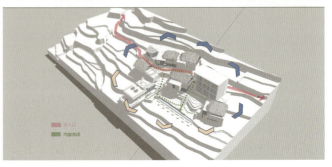

视线分析（自绘）

以改善室内空间的采光,减少太阳辐射,保温隔热,强调景观价值的最大化呈现。研究在不破坏传统聚落特色的前提下,实现大窗面景,其余视觉方向保持哈尼蘑菇房朴素、完整的整体形象。

2.1.2 适应当地的气候和地形

为适应元阳的气候条件和自然条件,哈尼族传统民居底层架空结构解决了潮湿地气对室内环境的侵扰,减少了对不平整地形进行处理的额外地基。但是由于下层主要是用来饲养牲口和摆放农具,蚊虫及气味的影响严重,而且建筑物层高不能满足居住使用的要求。因此设计中巧妙地将原有基础部分地面下挖至合理高度,形成满足人体舒适度要求的半地下空间,同时采用现代防水材料对整个建筑进行了封闭式处理,利用现代生态设计技术,在内部砖墙和外部夯土砖墙间形成空气间层,保温隔热,降低建筑物使用的能耗,提高人体舒适度。

2.1.3 保护原生地貌

哈尼族传统民居科学而又巧妙地使建筑与地形结合,尽可能地减少了对地形的破坏。设计沿用原有建筑群的布局,拆除影响景观的临时建筑,打开视线通廊。少用或者不用硬质铺装,在外部景观营造上采用当地石子铺地,保证了雨水的自然渗漏,也使内部环境干净整洁。酒店的运营必然带来原有生态环境无法消化的污染,采用了地埋式污水处理一体化设备,使酒店污水经过处理达标后再行排放。

2.1.4 特色的空间组织艺术

哈尼民居的露台、架空平台特色得以保留和发展,"灰空间"的利用使室内外环境有机结合,使人有了休息空间和与自然接触的空间,也有利于观景、通风、户外活动。架空平台延续哈尼干栏式建筑的特点,占天不占地,形成下部梯田耕种,上部观景休闲的有趣空间。以哈尼民居的房间格局和尺度作为限定条件,针对每个房子的特性形成了特色化的建筑室内布局。

2.1.5 反映特有的民族地域精神

哈尼族民居以最自然朴素的方式表现了简约美,具有传统和民族的魅力、气质和文化内涵。哈尼民众普遍身材娇小,在建筑空间营造上尺度较低,形成的"蘑菇房"特色也较有特点,但是无法满足游客的需要,因此从建筑物尺度考虑上严格控制,通过首层下降,打通二层和茅草顶之间的楼板,将建筑尺度控制在原有规格之上,避免"蘑菇房"形象尺度发生畸变,使环境空间发生变异。

总之,哈尼族传统民居在适应环境、反映民族地域

梯田方向景观(自摄)

内院景观(自摄)

外部梯田环境(自摄)

项目俯视（自摄）

外挑公共空间（自摄）

精神等方面所采取的独特方式对现代建筑的营造有着很好的启示作用，通过借鉴这些传统的特点应用到现代建筑的创造中，可以使其得到延续和发展。

2.2 哈尼族传统民居聚落的发展

哈尼族传统民居中所具有的优秀的地域精神值得我们去继承，现代化生活方式的融入对于地域建筑的发展也非常重要。以下提出一些建议，希望能有机地将传统和现代进行结合，使传统的哈尼族民居建筑能够重生。

2.2.1 哈尼族民族聚落的现代启示性

克罗齐提出"一切历史都是当代史"。就本体而言，其含义是说不仅我们的思想是当前的，我们所谓的历史也只存在于我们的当前，没有当前的生命，就没有过去的历史可言。所谓当代，它是指构成我们当前的精神生活的一部分，历史是精神活动，而精神活动永远是当前的，绝不是死去了的过去。因此我们不能把哈尼族聚落的存在定义为遗址加以单纯的保护，其依然活生生地存在于当下，我们需要延续其发展的脉络。具体而言，其建筑特征可以通过运用地方材料来反映建筑物的区域性质。在尊重和延续挖掘哈尼族传统精神生活的基础上，运用地方材料来加以实践而不是拘泥于简单的外观模仿。

2.2.2 适应气候的构造技术

现代城市建筑充斥着绿色、生态、环保、节能、人性化等各式理念，很少有真实的实现，更多的作用是表现在商业目的上，就地理环境生态而言，现代建筑远不及传统民居来得深思熟虑。哈尼族人民经过长期的营造实践，总结出了自己的解决方法，通过许多简单有效的策略在改善民居局部气候条件的同时，充分利用当地自然资源。为适应当地"高温多湿"的气候条件，哈尼族传统民居有其独到的构造方法，在土掌房顶部加了一个坡度大于45°的弧形四坡顶，改善了土掌房民居对于排水的适应性。高耸的屋顶形成了促进空气流通的"烟囱"效应，陡峭的坡度有利于排泄大雨；底层的架空结构，解决了潮湿地气对室内环境的侵扰，节省了基础的费用。哈尼族传统民居中的这些构造实践完全可以很好地结合现代技术，以节约能源和改善环境。

2.2.3 对山地建筑具有广泛适应性的形式

哈尼族民居在建筑形式上也对现代城市建设，特别是山区城市建设具有良好的指导作用。"占天不占地"的建筑形式具有广泛的地形适应性。在最大化使用空间的同时，下部空间可以封闭或开放，可以高或低，可以规则或变形，适合当地条件。可用作室内空间，也可以用作室外空间，并与自然环境融为一体，丰富室内和室外景观。土掌房屋顶的晒台可以用于晾晒食物、家庭聚会、观景休憩，满足人们的不同需求。哈尼族民居科学巧妙的做法将建筑与地形地貌相结合，尊重自然，尽可能保持景观原始状态的生态平衡。

2.2.4 聚落保护与发展旅游

元阳哈尼族民居聚落特别是以阿者科村为代表具有较高的旅游价值。结合发展乡村休闲与人文考查旅游，发展民宿，鼓励村民利用自用住宅空闲房间，或者闲置

公共空间内部（自摄）

阁楼内景（自摄）

的房屋，结合当地人文、自然景观、生态、环境资源及农林渔牧生产活动，形成城市与乡村的连接桥梁，可以达到良好的资源集聚效应。从当地实际情况出发，具有增加直接收入、深化传统交流、改善当地就业情况、促进产业转型的优势。特别是吸引年轻人返乡创业，很好地解决了劳动力"空心化"问题，同时也是对留守儿童问题、空巢老人问题等社会问题的解决途径之一。与此同时，外地游客入住民宿，接触人文、了解民俗，创造了文化交流的契机。

3. 结语

传统与现代并不是对立的，而是相互交融的，传统是现代的过去，现代是传统的继承，"现在"是对历史做出叙述时所展现的一种思考状态，这种思考无疑是思想的现实化和历史化。公元1世纪的时候普鲁塔克提出一个问题：如果忒修斯的船上的木头被逐渐替换，直到所有的木头都不是原来的木头，那这艘船还是原来的那艘船吗？如今的元阳哈尼族传统民居正面临着由传统向现代转变的关键时期，如何更好地既继承历史文化传统又满足现代人的功能要求已经成为一个亟待解决的问题，希望本文的探讨性研究能够达到抛砖引玉的目的，为传统民居的现代转型提供有益借鉴。

参考文献

[1] 蒋高宸. 云南民族住屋文化[M]. 昆明：云南大学出版社，1997.

[2] 杨大禹、朱良文. 中国民居建筑丛书云南民居[M]. 北京：中国建筑工业出版社. 2012.

[3] 周正旭. 形成与演变——从文本与空间中探索聚落营建史[M]. 北京：中国建筑工业出版社.

屋顶构造（自摄）

大理慢屋·揽清度假酒店

Manwu · Lanqing Resort Hotel in Dali

项目地点：大理市环海西路葭蓬村
室内设计：CAS 千迈设计
摄影单位：存在建筑—建筑摄影
设计团队：IDO 元象建筑、重庆合信建筑设计院有限公司

设计时间：2015.3—2016.6
竣工时间：2017.4
建筑面积：改造前 1110m²，改造后 1785m²

简要介绍

"慢屋·揽清"及"慢屋·极目"是 IDO 元象建筑近年在云南大理完成的两个设计师酒店，项目均是基于原有农宅的改造设计实践，从开始设计至施工结束的三年多时间里，元象建筑参与了项目的全过程，从策划、选址、设计、建造管理到酒店运营，其所承担的是兼具甲方乙方的双重角色。这两个项目作为以建筑师为主导的开发模式之尝试，在当前社会经济转型之大背景下，或可引发大家对建筑师的角色定位的重新认识及思考。

其中，"慢屋·揽清"项目位于大理洱海环海西路葭蓬村，我们选择用于改造的农宅用地面积约一亩，原有农宅高度二层，建筑面积不足 300 平方米，由于周边均是两三层的坡屋顶的农宅，我们希望建筑改造后能融入周边的村庄：首先在总体布局上将建筑体量化整为零，新建的三个体量以坡屋顶的形式与原有建筑做形式上的区分，同时达成与周围农宅尺度上的呼应。新建部分在立面上用木格栅做"立面包裹"处理，与原有农宅及加建部分做适当的区分。除了关注建筑的"在地性"，设计之初建筑师就确定了创造多层次的公共空间这一原则，同时客房的设计也强调体验感与多样性的并重，从多维度建立人与洱海多维度的关系是设计的重点。

"慢屋·揽清"于 2015 年夏天竣工后正式投入营业，同年，建筑师开始了位于洱海东岸第二个慢屋——"慢

慢屋·极目 02- 院子与泳池

慢屋·极目 03- 客房 - 浴缸与洱海

慢屋·极目 04- 上院泳池房灰空间 框景

慢屋·极目 01- 建筑外观

慢屋·极目 05- 下院屋顶花园

慢屋·揽清 02- 庭院内部

慢屋·揽清 01- 建筑外观

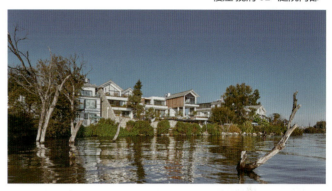

慢屋·揽清 03- 建筑与周边：石头墙边界

慢屋·揽清 04- 客房

慢屋·揽清 05- 前台接待

屋·极目"（munwood panorama）的设计，第一个慢屋所积累的客户使用反馈作为真实存在的建筑评价，成为建筑师在设计第二个慢屋时，优化设计时最为可靠的依据与动力。考虑到"慢屋·揽清"位于洱海东岸，客人的体验是"清晨，卧于床榻可观洱海日出"，为了让客人获得不同的体验，以及对洱海一天的风景能获得全面的认知，"慢屋极目"的选址关键词自然而然地选定为"日落"，于是建筑师选择了位于洱海东岸的海东镇，这里是整个洱海环线上可以饱览"苍洱全景"的最佳位置，项目取名为"极目"，以场地视线极佳，适合"极目远望"而得，英文名"Panorama"更暗合了"苍洱全景"的画面感。在改造过程中，我们强调以下设计原则。改造策略：建筑与场所的锚固；秩序重塑——新旧并存的空间体验；风景的感知：与山水对话的多重体验；客房空间——多样性与体验感；材料表达——在地性与温度感。

除了一系列"在地性"的尝试与努力，我们还强调作为建筑师的社会责任感，充分利用当地气候的日照优势，采用太阳能热水系统。近几年大理掀起了客栈建设的大潮，然而大理环海公路的市政排污管网迟迟未能建成投入使用，很多客栈选择了将污水直接排入洱海，导致近两年洱海绿藻泛滥成灾。为了"不向洱海排一滴污水"，我们两个客栈均花费了数十万元设置 10 吨级的中水处理系统，所有污水经过中水系统自净均可回用作为景观用水，同时在客栈主入口景观区域内设置了中水系统的展示窗口，以便向住客传递环保的设计理念，我们希望以负责任的态度去表达对自然环境的热爱。

中国西南乡村创新与可持续发展研究联盟作品集

乐居村游客中心及乡村建设示范项目

Leju Village Visitor Center and Village Construction Demonstration Project

设计团队：杨 楠 陈 冰（西交利物浦大学）
　　　　　柏文峰 肖 晶（昆明理工大学）
项目地点：云南昆明乐居村

乐居村航拍图

基本情况

乐居村位于昆明市西北方团结乡，是昆明市保存最好、数量最大的彝族"一颗印"聚落，至今已有600多年的建村历史[1]。本项目是乐居村的新游客中心和民居、民宿示范建设工程，项目团队选取乐居村村口狭长的三角坡地，通过采用3D打印、抗震夯土墙、预制钢结构装配等当代建造技术，在满足当地村民改善人居环境需求的同时，探索能延续传统彝族民居风貌且适用于当代彝族乡土建筑的设计和建造方法，希望为乐居村的后续改造建设提供示范，并通过该设计研究，探索能满足既保留传统又具备现代的适用性、既环保又节能的绿色低碳性、既经济又有收入的开放性的乡土建筑创新设计策略，为同类少数民族特色村寨的振兴提供参考。本项目由昆明乐居古彝村景区旅游开发公司以承包经营的方式对古村进行保护性开发。本次游客中心和乡村建设示范项目由多方组成联合团队进行设计和建造，项目团队见表1。

表1　各合作单位、人员和工作分工

项目团队单位	团队成员	项目中的职责
昆明理工大学	柏文峰，肖晶	建筑方案设计，结构方案设计，3D打印节点设计，设计与施工协调
西交利物浦大学	陈冰，杨楠	建筑方案设计，3D打印构件设计，设计与施工协调
南京嘉翼建筑科技有限公司	李进，刘培善	3D打印构件设计、制造、运输
奥雅纳（ARUP）	张洁，刘永策	3D打印部件测试，钢结构节点方案设计

项目对村民原来的生活环境和质量保存或继承了什么？

村落形态所呈现的现状风貌是乐居村在漫长的时间里逐渐形成的，虽然在某种程度上不同时期的建筑风貌会有一定的混杂，但是"一颗印"院落与环境、地形之间的空间关系需要在设计过程中得到充分的考量。因此本项目在结构上虽然使用了预制钢结构，在围护墙体上使用了3D打印墙体、普通砖墙及钢筋混凝土构造柱、抗震夯土墙等不同建造技术和工艺，但仍试图结合地域性材料（土、砖）来延续原有村落的生活空间形态，这样的设计使得新建筑自然地融入既有村落的肌理之中。在继承当地民居形式的同时，构建出与村中传统"一颗印"民居"和而不同"的整体关系，使多样性与统一性并存。

项目对村民原来的生活环境和质量有持续性发展的新的内容是什么？

该项目建筑是由村民施工队进行建造的，所采用的是结合不同材料、技术和工艺的新型建造方式，这样的建构逻辑不仅体现了设计与形式上的地域性，其间也考虑到了社会与经济水平上的地域性。在协作共建过程中，专业人员可以直接指导当地工人，使他们学会新的建造方式，保证村民施工队在掌握新的建造技术和学习新的建筑形式的同时继承了原来村落的生活环境，也体现了新的设计策略与建造技术在乡村建设中的妥协、融合与创新，为村落的可持续发展打下了基础。这样的工作经验和新的民居建造范式，也为不同的建造技术的推广创造了可能性，为其他少数民族传统村落建设提供了示范。

项目意义及相关思考

1. 建筑设计：参与式设计研究

结合场地和当地民居特点，项目团队先后完成了四个建筑方案，实施方案采用了昆明理工大学肖晶老师主导完成的建筑方案设计。该方案在建筑空间设计上，借鉴当地民居的形式，将不同功能房屋空间进行拆解并错落有致地设置在3个不同的标高上，这样的拆解使建筑的尺度变小，便于后续的3D打印工艺。而在建筑空间形式上提取原有"一颗印"的体量和屋顶形式，构建出与村中传统"一颗印"民居"和而不同"的整体关系，使多样性与统一性并存。在建筑空间环境设计上，主要是在台地上保留了原场地上的大树，并以其为中心围合小院，

几轮项目方案与设计工作坊

整个建筑主体背靠山体和原有村落，同时面向东侧的村口和池塘，这样的设计不仅节约了在场地施工上的造价、适应了当地的气候和地形，同时让新建筑有机地融入原有的聚落空间和山地景观之中。

采用更新迭代和可适性的视角来反思当代乡土建筑，并将参与式设计方法贯彻项目全周期。项目团队和当地社区通过设计工作坊进行多次的参与式设计，数轮设计方案探讨（平衡设计、技术与预算以及场地限制）下来后才确定建设方案。

2. 建构与材料：既延续传统又具备现代的适用性

项目团队对当地的建筑资源和建造方式做了深入调研后发现，乐居村的"一颗印"建筑主要是以木结构、

乐居村房屋现状

土坯砖或夯土墙为建造材料来进行建造的，这充分体现了乐居村新建筑就地取材的特征。在调研过程中还发现，迁出村民新建的房屋大多数是采用现浇混凝土结合砖或砌块的建造体系，造成如此现象的主要原因有以下三个。

（1）基于自然资源的建造的传统木、夯土等当地材料，因为不能满足现代生活方式（例如结合现代厨房、卫生间的使用所带来的排水、清洁问题）与空间需求（小开间、采光差等）而逐步被遗弃，当代砖混建造体系则适应性更强，较易满足人们日益增长的生活需求。

（2）在保护森林的政策下，土木建造体系中获得木材的成本上升，使得土木为主的营建不再占有经济优势。

（3）土木建造体系中大木作搭建、素土夯实等一系列建造方式，其劳动力需求远高于砖混建造，由此产生的人工成本和时间成本的上升也使得土木为主的传统做法不再成为主流建造体系。这些都让乐居村当地建构的地域性处在一种模糊不清的状态。

本次设计在建构形式上延续传统"一颗印"木框结构、土填充墙的逻辑，在结构上使用预制钢结构，填充3D打印墙体、普通砖墙及钢筋混凝土构造柱、抗震夯土墙作为围护结构的不同建构做法，设计的目的是试图将当代建造技术和工艺与地域性材料（土、砖）进行结合。这样的建构不仅反映材料、结构等元素的内在逻辑，还反映了建造过程的痕迹与特征，可以减少偏远山区现场坡地施工的困难度和人工投入。在建造中，主体除预制构件之外完全由当地工人完成搭建，使项目建设本身就成为地域传统保护和发展的一部分。以上不同的建构做法同样使得设计本身成为一份探索乡建问题的建筑实体问卷，即什么样的设计方法（与场地环境的关系、建筑材料、结构体系、空间形态、建筑设备、建造技术等）更适宜这个地区，而这种适用性的综合评估是需要通过建筑使用后评估对功能、美观、接受度、造价等多方面因素进行综合考虑的。

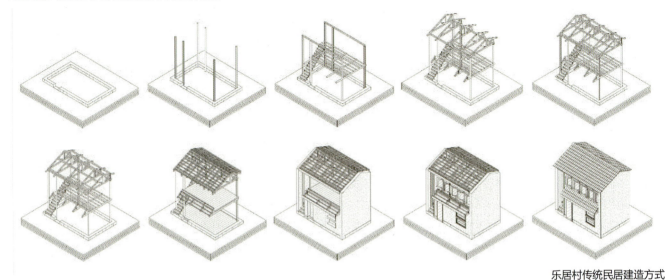

乐居村传统民居建造方式

结合前期相关研究[2-3]，这次创新建造实践中出现的一系列问题，也促使项目团队进一步反思3D打印技术对当代乡土建筑的影响：从项目全生命周期的视角进行考量，如果不能在项目基地进行现场整屋打印，而只是对墙体砌块（或建筑构件）进行打印并需要后续的运输和组装，那么3D打印技术和预制装配式技术相比，其优势在何处？另外，如果3D打印技术的单位成本造价（含材料加工、构件运输、现场组装等）远高于传统夯土技术，那么在建造和翻新云南少数民族村落传统民居的过程中，运用3D打印技术的优势又在何处？……

3. 建造过程：新技术的地域性建造适应

在结合不同的材料、技术和工艺的同时，建筑由村民施工队进行建造，这样建筑的地域性不只是设计形式上的，也是社会与经济水平的介入。擅长手工建造方式的工人和有一定专业知识的驻场项目经理对于新技术都比较陌生，加上工人们无法读懂施工图，如何把不同技术的建造方式传递给他们也是这次建造中的一个挑战。团队间的远程网络沟通、现场工长和项目经理通过方言

3D打印技术测试

建造中的3D打印墙体、钢结构、砖墙与场地旁200年历史的老夯土墙一颗印

3D打印构件建造过程中的卸货、对位、吊装

进行"翻译"指导，团队成员的驻场施工指导等都让这个项目的协力合作与建造过程形成一种新乡土建造方式。从这个意义上来说，建筑的建成结果与其整个设计、建造所承载的过程信息共同构成了这个当代乡土建筑项目的全部，项目团队希望通过这个项目对不同材料、技术、设计方法和工艺进行考验，探索适合当地的设计策略与建造方法。

4. 建造的组织方式：多方协力共建

区别于传统乡建中设计建造一体化的做法，也不同于现代建筑中按图精准施工的工业模式，该项目有着特殊的设计、建造组织方式：没有专业的施工人员，十多名当地村民是整个项目施工建设的主体，但由于有不同的

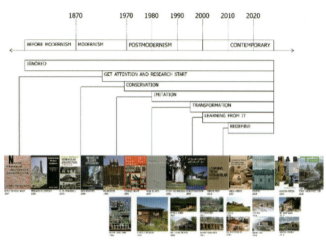

对待乡土建筑的观点变化讨论

多方团队现场指导施工

相关方（开发商、村民、设计师、高校人员、工程师、建造技术顾问等）以专业角度介入到设计和建设之中，如此多方团队的合作关系保证了项目建设的共同成果，而当地村民既是建筑的建设者也是使用者。在当地，很多老村民都有一些建造经验，但是对于不同的新建造方式和工艺不太了解，通过多方专业人员的指导和沟通，使得工人都能够胜任新技术（新型夯土工艺与3D打印构件安装）的施工要求，这样的工作模式有利于不同的建造技术在乡村的推广，同时也体现了新的设计策略与建造技术在乡村建设中的妥协、融合与创新。

5. 对待乡土建筑的态度与多元的设计建造方式

本项目和以往大多设计实践中强调传统、"修旧如旧"、低技与手工建造的角度不同，它更重视从动态的视角探索乡土建筑实践。本项目不仅强调乡土建筑在当代的动态和可适性，而且对其未来发展趋势做出展望，我们认为当代乡土建筑不仅需要延续传统，同时也需要吸收新的思想和技术，这个与时俱进更新迭代的过程不仅发生在过去，同时也将在现在和未来延续[8]。

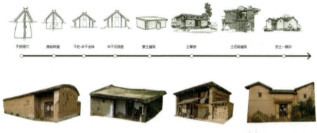

云南素土建筑的动态演变[4]

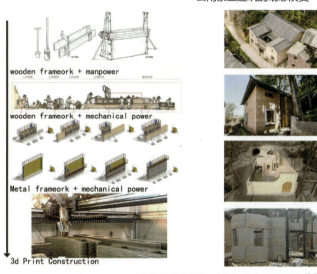

建造技术变化与对应的乡土建筑变化[5-7]

参考文献

[1] 游婷婷. 昆明乐居古彝村活化研究 [D/OL]. 汕头：汕头大学，2017：8 [2019-07-08]. http://www.wanfangdata.com.cn/details/detail.do?_type=degree&id=D01242197.

[2] 陈冰，张华，尹金秋，宋蕾，康健. 循证设计原理及其在绿色建筑领域的应用 [J]. 生态城市与绿色建筑（夏季刊），2016.

[3] 陈冰，康健. 英国低碳建筑：综合视角的研究与发展 [J]. 世界建筑，2010(2)：54-59.

[4] 杨大禹，朱良文. 云南民居 [M]. 北京：中国建筑工业出版社，2019.

[5] 王帅. 现代夯土建造工艺在建筑设计中的应用研究 [D/OL]. 西安：西安建筑科技大学，2015：45-49 [2019-07-08]. http://www.wanfangdata.com.cn/details/detail.do?_type=degree&id=D714457.

[6] 吴恩融，万丽，柏文峰. 光明村灾后重建示范项目，昭通，中国 [J]. 世界建筑，2017(03)：166.

[7] 史洋，黎少君. 黄土上的院子 [J]. 城市建筑，2017 (19)：68-73.

[8] Yang N, Chen B, Kronenburg R, et al. Proceedings of the 34th International Conference on Passive and Low Energy Architecture, December 10-12, 2018 [C]. Hong Kong, 2018, 1131-1133.

中国西南乡村创新与可持续发展研究联盟作品集

光明村震后重建示范

Post-Earthquake Reconstruction Demonstration Project of Guangming Village

作　　者：Li Wan　Xinnan CHI　Edward NG（香港中文大学建筑学院）
　　　　　Wenfeng Bai（昆明理工大学建筑与城市规划学院）

项目地点：中国云南省昭通市鲁甸县龙头山镇光明村

项目时间：2014年

基本情况

在2014年鲁甸地震后，光明村大多数的夯土建筑都被摧毁了，之后村民想选择建造砖混结构的建筑。然而，建材的价格急剧上升，大多数村民已无法承担这样的价格。

这个项目的创新点在于利用传统夯土建筑技术给村民提供可承担的、自己的、可传承的安全、经济、舒适和可持续性的重建策略。

为了验证新型夯土建筑系统的技术和建筑性能，我们为一对老年夫妇建造了一座样板房。"高科学性和低技术"的策略和3L技术（local technology, local materials, and local labor）原则被应用于这个重建项目中。

振动台试验结果表明，夯土建筑物的抗震性能得到了显著提高，满足当地抗震规范要求，提高了建筑质量和室内环境质量，提供了更好的居住环境。更重要的是，我们还努力"让生命重拾尊严"。村民们一定为他们得到的新东西感到非常自豪。

项目提供的帮助意见

要以创新的理念确保农村重建工作的系统性和可持续性，科学研究是理解背景、识别问题、找到正确解决方案的关键。为赋予当地居民权力和鼓励内生发展，建议的创新技术应简单易行地传播给当地居民。应限制外部材料和劳力，以降低建设成本，改善当地市场。因此，"高科学、低技术"战略和"3L"原则适合我国西南贫困农村地区的国情。

样板房的区位

样板房

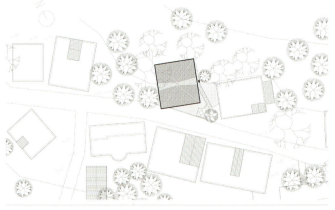

样板房的总平面

样板房室内

房子的原型是为地震后住在帐篷里的一对老夫妇建造的。采用从废墟中回收当地材料的被动设计确保了舒适的室内环境和低能耗。设计融入半室外空间,为老年夫妇提供舒适、艺术的生活环境。带有天窗和交叉通风的半室外中庭明亮且自然通风。双层玻璃窗和隔热屋顶被用来提高建筑的热性能。采用钢屋盖结构和铝合金窗,提高建筑质量和密封性。

通过对当地传统夯土建筑薄弱环节的调查研究,提出了一些改进措施,以提高其抗震性能。适当的混凝土基础尺寸配以正确的水泥砂浆,增强房屋地基的整体性。场地土壤在昆明理工大学实验室进行了检测,并与砂、稻草、少量水泥进行了适当的调整,以避免裂缝,提高墙体的强度和防水性能。墙体增设混凝土环梁,提高结构整体性,避免竖向开裂。混凝土带隐藏在墙体中,这样土的立面就可以被整合。铝合金模板和电动夯使墙体结构紧凑、光滑。

我们没有推广进口砖和混凝土,而是选择是否可以就地解决传统夯土类型的不足和乡村生活的脆弱性。光明村改造的局限性包括贫困、交通成本高、缺乏技术、对失败的施工技术缺乏信心、可达性差、气候特殊性以及村民对比旧住宅更大、更好、更稳定的现代住宅的向往。所有这些标准在整个过程中都得到充分考虑和处理。该方案是根据该地区的地质和气候条件确定的。执行这项战略是重建人民生活的一个简单步骤。保护和创新当地传统夯土施工方法。通过这种简单的策略和当地居民的授权,夯土建筑的性能能得到了改善,从而保护了村庄的生活方式。此外,我们试图保护这种建设方法和生活方式,因为云南有大量的村庄面临着维护传统建筑或应用工业建筑材料的选择。大量的农村土建被列为需要重建的危房。当地政府仍在寻找一个低成本的好办法,在不破坏其历史文化价值的前提下,提高乡土建筑的安全性和舒适性。该示范项目的建设不仅要与现有的周边环境相结合,而且要与云南农村的大背景相结合,展示一个内生的、可持续的解决方案。

团队贡献专业知识和先进技术,当地居民提供当地知识和人力。如果没有任何一方的努力,这个项目就不会成功。村民在整个重建过程中受到尊重并充分参与,除了建筑工程,他们还参与了新家的设计。在施工过程中,我们团队与村民之间建立了信任关系。保护和加强了当地的生活方式和施工方法。这个重建项目不仅重建了基础设施,还重建了村民的信心和归属感。

在这个项目中,多学科大学资源将全力支持农村重建。地方政府也参与研究和探索这种新的可持续的农村重建方式。农村居民被赋予权力,并有机会与农村建设的不同利益相关方合作。结果验证了一种适合于局部重建的方法。在接下来的阶段,这一抗震土建体系将被应用到中国西南地区更多的农村工程中。我们将出版书籍和指南系统地记录这种方法。我们的经验将为地方政府制定重建战略提供依据,为今后国家土建重建政策和抗震标准提供参考。

Basic Situation

After the Ludian earthquake in 2014, most of the local rammed-earth buildings in Guangming Village were destroyed. Villagers chose to build brick-concrete houses during the reconstruction period. However, the price of building materials rapidly increased and became unaffordable for most local villagers.

This project innovates the traditional rammed-earth building technology to provide villagers a safe, economical, comfortable, and sustainable reconstruction strategy that the villagers can afford, own, and pass on.

A prototype house has been built for an aged couple to validate the technology and building performance of the innovative rammed-earth building system. The "high-science and low-technology" strategy and "3L" (local technology, local materials, and local labor) principle has been implemented in the reconstruction project.

The result of a shaking table test shows that the seismic performance of the rammed-earth building is significantly improved and can meet the local seismic codes. The building quality and indoor environmental quality has been improved to provide a better living environment. More importantly, we also try to "give life back its dignity". From what was OLD, the villagers must be very proud of the NEW that they are getting.

Helpful Comments from the Project

To ensure a systematic and sustainable rural reconstruction work with innovative ideas, scientific

Model

research is essential to understand the context, identify the problem, and find a proper solution. To empower the local residents and encourage endogenous development, the proposed innovative technology should be simple and easily disseminated to the local residents. The outside materials and labour should be limited to reduce construction cost and improve the local market. Therefore, the "high-science and low-technology" strategy and "3L" principle was suitable for the local condition of the poor rural areas in southwest China.

The prototype house was built for an aged couple who lived in a tent after the earthquake. A passive design with recycled local materials gathered from the ruins ensured a comfortable indoor environment and low energy consumption. The design was integrated with semi-outdoor spaces to provide a comfortable and artistic living environment for the aged couple. The semi-outdoor atrium with a skylight and cross ventilation was bright and had natural ventilation. Double-glazed windows and insulated roofs were used to improve the thermal performance of the building. A steel roof structure and aluminium alloy windows were used to increase building quality and airtightness.

Several innovation has been done to improve the seismic performance after a survey and study of the weak points of the local traditional rammed earth buildings. Appropriate size of concrete foundation with a correct cement mortar to enhance the integrity of the foundation of the

The floor plan

house. The soil of the site was examined in the lab of Kunming University of Science and Technology and adjusted properly with sand, straw, and small amount of cement to avoid cracks and improve the strength and waterproof performance of the wall. Concrete ring beams are added to the wall to improve structural integrity and to avoid vertical cracking. The concrete belts are hidden in the wall so that the earth facade could be integrated. Aluminum alloy formwork and electric rammer has been used to make the wall substantially compact and smooth.

Instead of promoting the benefits of imported brick and concrete, we determined whether the shortfalls of traditional rammed earth typology and the fragility of village life could be addressed in situ. The reconstruction limitations of Guangming Village included poverty, high transportation cost, lack of skills, lack of confidence in failed construction techniques, poor accessibility, climate particularities and the aspiration of villagers for modern housing that was bigger, better and more stable than their old homes. All these criteria were fully considered and tackled throughout the process. The solution was defined according to the geological and climate conditions in the area. The implementation of this strategy was a simple step to rebuilding the lives of the people. We protected and innovated the local traditional rammed earth construction method. With this simple strategy and the empowerment of the local residents, the performance of the rammed earth buildings was improved, thereby protecting the lifestyle of the village.

Furthermore, we try to protect this kind of construction method and lifestyle because of the vast amount of villages in Yunnan that are facing the choice of maintaining the traditional architecture or applying industrial building materials. A remarkable number of rural earthen architecture are classified as dangerous buildings that need rebuilding. The local government is still looking for a good solution that is low-cost and can improve the safety and comfort of the vernacular architecture without destroying its historical and cultural values. This demonstration project is constructed not only to integrate with the existing surrounding environment but also to integrate with the large context of rural Yunnan by demonstrating an endogenous and sustainable solution.

The team contributes professional knowledge and advanced technology while local residents provide local knowledge and manpower. The project wouldn't be success if effort from either side is missing. Villagers are respected and fully engaged in the whole reconstruction process, apart from construction works, they also involved in designing their new home. Trust and relationship between our team and the villagers have been established during the construction process. Local lifestyle and construction method was protected and enhanced.

In this project, multidisciplinary university resources are in full support of rural reconstruction. The local government is also involved to examine and explore this new sustainable way of rural reconstruction. Rural residents are empowered and are given a chance to collaborate with different stakeholders of rural constructions. The result verified an appropriated solution of the local reconstruction. In the subsequent stage, this anti-seismic earth building system will be applied to more rural projects in Southwest China. Books and guidelines will be published to systematically document this method. Our experience would provide basis for local government to formulate reconstruction strategies as well as references for national reconstruction policies and seismic standards for buildings made of earth materials in the future.

云南昆明呈贡老城概念规划设计方案

Concept Planning and Design of Chenggong Old Town in Kunming, Yunnan

作　　者：李卫兵　王睿（云南艺术学院）　　设计团队：云南艺术学院
项目地点：云南昆明主城南边呈贡老城　　　　项目时间：2017 年
项目来源：2018 云南省本科教育教学改革项目《基于云南民族文化创意"校地（企）合作"的建筑学专业实践模式改革研究》研究成果

一、项目概述及意义

呈贡老城是呈贡文化遗产聚集区，体现了"近现代文化保护"、"遗址文化保护"、"特色村镇文化保护"以及"花卉文化保护"的主题。

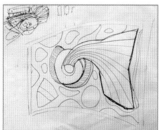

东方文化创意馆手稿

这个项目将全面深入挖掘、科学评估呈贡老街历史文化街区的价值和特色；建构完整的物质和非物质文化遗产保护体系，从遗存真实性与完整性的角度认识遗产的价值。规划通过对呈贡老街各类文化遗产自身价值的评估、文化遗产在区域中的价值作用分析，全面认识呈贡老街文化遗产的真实性与完整性；提出全面保护和合理、永续利用的措施。

同时该项目还能使当地的居民认识到呈贡老城的价值。

（1）滇池东岸山水、人居、民俗文化底蕴深厚的传统街区。滇池东岸多样化传统民居的传承地；呈贡古代水利建设的重要见证；呈贡传统民俗文化的重要传承地。

（2）呈贡商集市文化的代表性地区。

（3）呈贡是抗战时期西南大后方的遗存地之一。

云南昆明呈贡老城概念规划设计方案的主题主要围绕"本土""绿色""创新"三个方面进行设计。

二、发现问题

为了调查当地居民对街区改造的意见和看法，更深入了解三台山街区存在的问题，以及街区改造将会面临的难题，本组策划人员主要就三台山及附近范围的居民就街区改造一事，采取问卷形式进行随机调查，调查人数共 30 人。

三、分析问题

我们分析了以下几个问题：

（1）居民年龄、居住时长、平日休闲场所；
（2）绿化情况，道路情况；
（3）建筑以及相关配套设施；
（4）建筑风格；
（5）街区是否需要保护及其意义；
（6）需要改造的地方和愿景。

经以上统计，对环境、卫生、绿化和建筑普遍较为不满意的以年龄层在 20~40 岁及以下的居民为主，一些 40 岁以上的居民表示对街区现状较为满意。

在发放问卷的同事，部分组员也有询问填表居民的一些想法，其中最为严重的问题如下：

（1）街道过窄，不方便车辆来往通行，有较为严重的交通安全隐患；

（2）街区的消防设施和附近公安设点过少，存在财

问题调查表

	问　题	发展意向
1	街道过窄，不方便车辆来往通行	街道加宽，以方便车辆来往通行，并适当增加交通站点
2	街区的消防设施过少，无消防车道	建立消防车道，完善消防设施
3	几乎没有公共空间及活动场所	增设公共空间集散地及公共设施
4	公共卫生间少且脏乱	改善公共卫生环境，增设公共卫生间
5	医疗中心距离较远，且不注重卫生	配备医疗卫生服务中心，方便居民就医
6	少有当地民俗文化展示建筑	配建民俗展示馆，提当地文化特色

（3）公共设施以及场所过少，公共卫生间过于脏乱，且街区商铺普遍不设有室内卫生间。

而在接受问卷调查的30位居民中，认为老街区改造中最需要保护的是古迹文物、民间文化和传统集市的占多数，其次则是老街道、传统集市和传统生活方式和手工作坊，也有一部分选择了老民居。

四、规划

本案规划尝试提供一个对于自然环境维护及生态利用的新视野，建立共融、共享、共生、共城的城市空间构架。

整体采用一轴两带的纵深序列式功能分区配置方案，以达到区域分为从弱到强的递增，和建筑景观使用性质从开放到私密的有序变化。即从主轴线的角度和功能完善的角度两者共同寻求合理可行的规划构架。

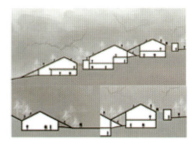

结合云南一些当地的特点构建出符合云南特色的房屋，同时又在原有的基础上将屋顶延伸至地面，人们可以直接走到房顶。

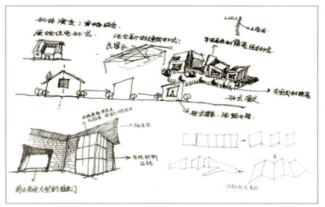

民宿区草图设计

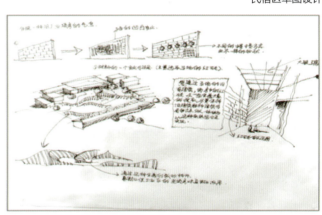

工业遗址公园草图设计

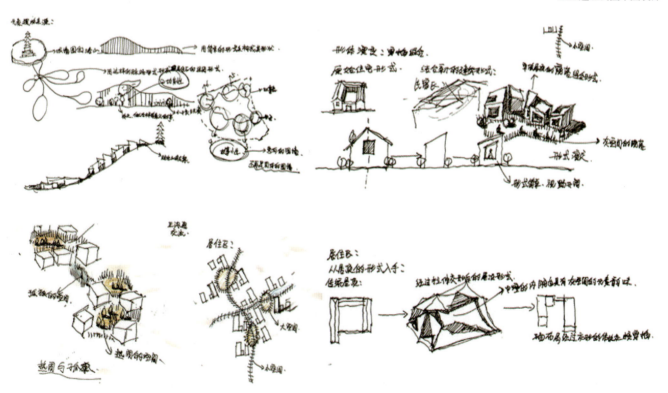

古城草图设计

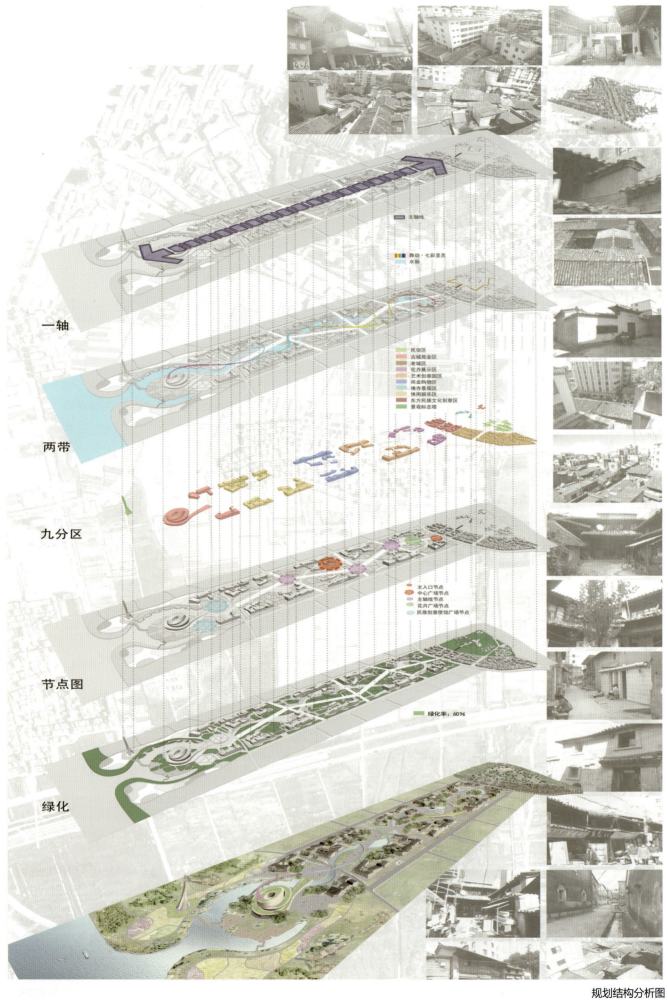

规划结构分析图

云南昆明呈贡老城东方民族文化创意使馆

The Pavilion of Cultural Creativity of Eastern Nations

作　　者：李卫兵　王睿
设计团队：云南艺术学院
项目时间：2018年

设计说明

　　东方民族文化创意使馆是云南昆明呈贡老城概念规划设计方案中的一个子项目。东方民族文化创意使馆设计是一个个性化的建筑设计，整个展馆的外墙使用传统民居夯土材质，以浅黄色为主色调，简洁、明亮。建筑的螺旋造型成为整个项目的点睛之处。在一楼大展厅采用玻璃外墙，使整个空间更加明亮、更加有趣味性。

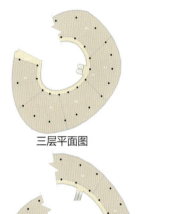

三层平面图

二层平面图　区域位置图

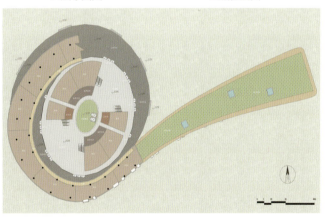

一层平面图

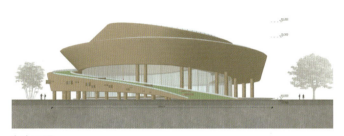

东立面图

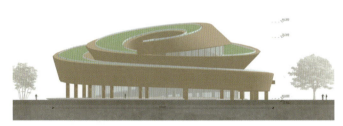

北立面图

南立面图

效果图

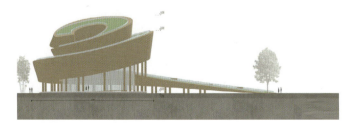

西平面图

效果图

中国西南乡村创新与可持续发展研究联盟作品集

云南昆明呈贡老城休闲娱乐文化中心
Leisure Culture and Entertainment Center

作　　者：李卫兵　王睿
设计团队：云南艺术学院
项目时间：2018年

设计说明

　　休闲娱乐文化中心是云南昆明呈贡老城概念规划设计方案中的一个子项目。整个休闲娱乐文化中心提炼云南传统夯土民居建筑元素，加以现代设计手法，秉承中国休闲文化，营造出精致雅典的环境，为顾客营造出一份有价值的体验，让现代重视物质生活的消费者享受到更高层次的体验，给旅行者带来全新的感受，满足顾客所需追求。内设文化体验馆、艺术培训中心、娱乐中心等，打造一个与环境共生、城市共生的休闲娱乐文化中心。其中，休闲娱乐文化中心分为几个地块，分别是艺术培训基地、文化展览馆、休闲娱乐中心、康养酒店、停车场。

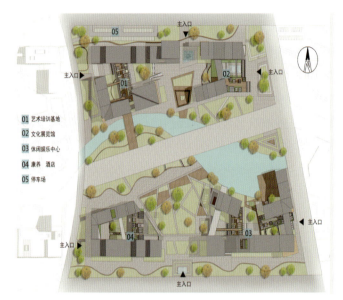

总平面图

鸟瞰图

第一部分 在地实践

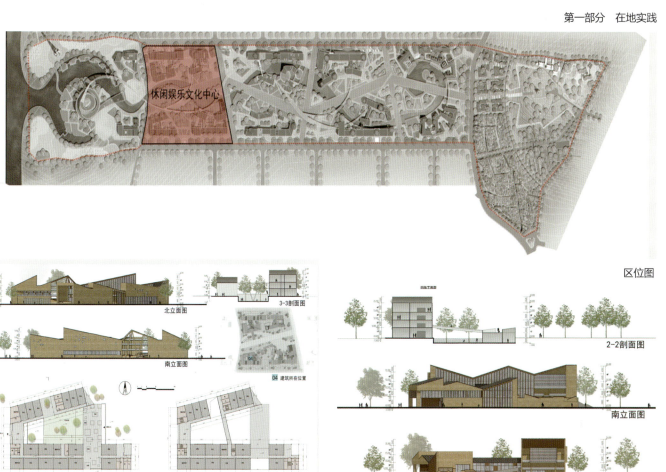
区位图

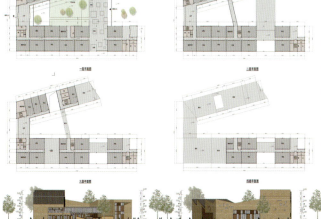
4区

2区

4区效果图

2区效果图

4区效果图

2区效果图

云南昆明呈贡老城艺术创作空间

Art Creation Space

作　　者：李卫兵　王睿
设计团队：云南艺术学院
项目时间：2018年

设计说明

　　艺术创作中心是云南昆明呈贡老城概念规划设计方案中的一个子项目。艺术创作空间的建筑立面造型多采用折线形屋顶形式来构成，这样的坡屋顶形式是从传统建筑形式的顶坡演变而来，建筑外立面造型具有一定的传统形式，但又不失现代的气息，外立面通过长条的大窗和点窗的形式相结合，外立面造型虚实结合，外立面材料采用当地的夯土材料，让建筑设计本身更加贴近当地的建筑风格，更加适合当地的建筑要求，更能体现为当地的人而设计。建筑的体块组合也是结合当地的建筑组合形式（一颗印的组合形式）来加以提炼的，将一颗印的建筑体块进行逐一分解，根据地块的形状进行组合，并根据建筑的外立面造型进行体块的精细变性组合。建筑景观的分析主要是想要通过一种建筑的组合方式设计来改变其建筑周边环境与建筑的关系，这样的建筑组合更加能够和环境融入一体。

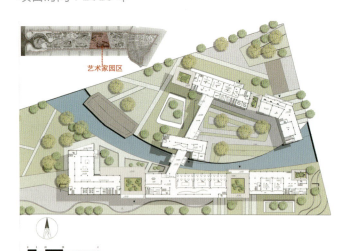

一层平面

二层平面

三层平面

建筑内部流线分析图

剖面图

54

第一部分　在地实践

东立面图

北立面图

南立面图

西立面图

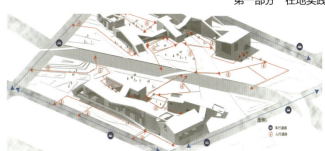
流线分析图

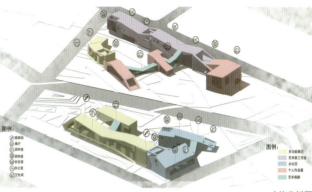
功能分析图

景观分析图

艺术创作空间的透视图一

55

中国西南乡村创新与可持续发展研究联盟作品集

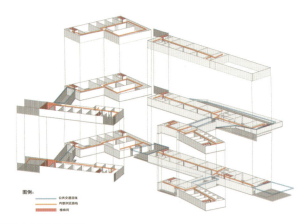

建筑内部流线分析

一层平面图

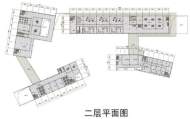

二层平面图

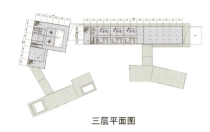

三层平面图

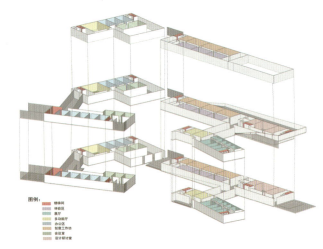

建筑内部功能分析

艺术展示空间剖面图

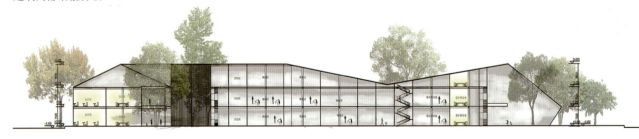

艺术创作空间透视图二

云南昆明呈贡老城艺术展示空间

Art Exhibition Space

作　　者：李卫兵　王睿
设计团队：云南艺术学院
项目时间：2018年

设计说明

　　艺术展览中心是云南昆明呈贡老城概念规划设计方案中的一个子项目。艺术展示空间内部建筑流线空间设计比较快捷方便，空间流线比较清晰，内部功能分区明确，建筑功能内部加入灰空间绿植这一环境要素，使得建筑功能不再单一，丰富了其空间的趣味性，建筑外立面造型上能有别具一格的造型使得外立面变化更加丰富，艺术展示空间主要为艺术家们提供一个展示的平台与空间，在很大程度上丰富了人们的生活。

南立面图

北立面图

西立面图

东立面图

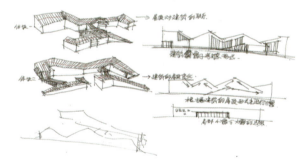

艺术展示空间手绘图

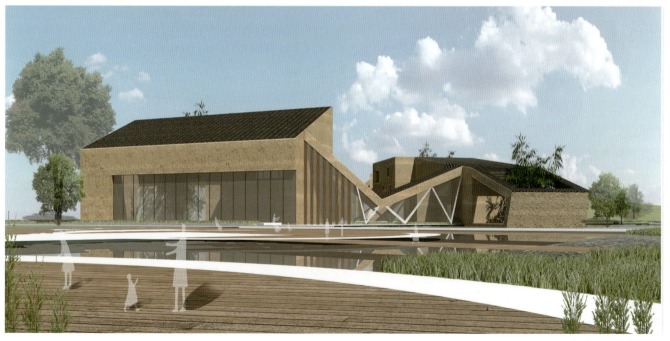

艺术展示空间透视图

中国西南乡村创新与可持续发展研究联盟作品集

云南佤族翁丁村保护与更新规划设计

Conservation and Development of Wengding Village in Yunnan

作　　者：李卫兵（云南艺术学院）

项目时间：2018年

项目来源：云南省教育厅科学研究基金课题《滇缅边境佤族原始村落保护与发展研究》（项目编号：2018JS356）研究成果；此系云南省教育厅科学研究基金课题《滇缅边境佤族原始村落保护与发展研究》（项目编号：2018JS356）国家级大学生创新创业计划《云南边远地区乡村振兴设计研究——以沧源翁丁村为例》（项目编号：201810690017）研究成果

项目概况

　　翁丁村被称为中国最后一个原始部落。如何保护原始村落，保持其特有的"野"味，又要满足现代的使用功能。我们工作组就村落的保护与更新进行了思考。规划提取翁丁村四大特色要素："田""园""塬""林"。在探寻四者关系的基础上，本次方案总体规划理念为：阡陌纵横、田园共融、塬林相连。打造"释天性、享文化、归自然、养身心"沧源最美的原始文化生态旅游村落。

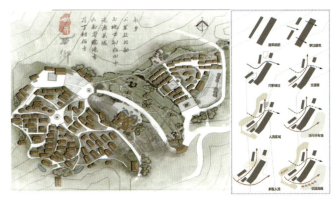

规划流线

规划总图

村落环境

　　山野森林景观层：翁丁村四周被保存完好的原始森林围绕，巍峨的榕树、清净的竹林与村寨内零散的观赏性树木共同组成了翁丁山野森林景观；田园梯田景观层：翁丁村外围散布着错落有致的梯田和蜿蜒的河流，它们相互映衬和依赖，共同构成了翁丁独树一帜的田园梯田景观层；原始村落景观层：在漫长的社会演进过程中，翁丁村甚少与外界接触，致使其保留了较传统的佤族文化。传统的干栏式茅草房、寨桩、神林、木鼓、民族风俗、生产生活等被完整保存，加之浓厚的原始村落氛围，构成了活化石般的原始村落景观。

传统建筑的保护与更新

　　翁丁村传统的佤族民居有两种形态：干栏式和四壁

结构上与佤族民居保持一致

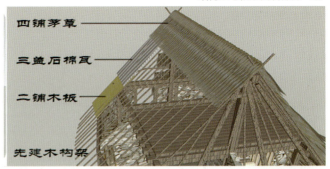

运用当地材料

落地式，特色非常鲜明。为有效地进行建筑的修缮、改造和原始面貌的保护，以寨心为中心划定45米范围内的建筑为保护建筑，以维持原貌。其余建筑按实际情况进行修缮或改造。针对上述情况，在对民居进行改造的时候，首先从结构上，充分尊重翁丁村民居骨架结构，保持翁丁村佤族民居的独有特色；其次从材料上，依旧以竹、木、草为主要材料，保证建筑风貌的统一性和完整性；最后从功能上，在保持必要的民族元素不变的情况下，尽可能融入适居宜人的功能空间,以改变建筑内部居住条件差的现状。

原始村落的保护

既然翁丁村是中国最后一个原始部落,我们就要保护她"原始"这一特性。然而随着旅游的发展,翁丁村原有的村舍已经不能承载由旅游带来的负荷。必须开发一片新的区域解决适应旅游发展的功能问题。这样一来,既保护了翁丁村典型的传统佤族原始村落文化,同时又通过旅游开发改善现有的空心村的局面,增强村民对本村传统文化的自豪感,让更多的村民自觉地投入村落的建设之中,让翁丁村在发展中不断复兴。

文化遗产

传统村落是村民生活生产的地方,是活的文化遗产。因此,传统村落的保护应该是"活的生态博物馆"式的保护,既保护物质形态遗产,同时再现非物质的生活文化,留住乡愁。传统村落的保护应该是兼顾传统文化传承与村落经济发展的保护。对于原始村落的翁丁村来说应利用村落淳朴原始的传统文化进行旅游开发,实现经济发展与传统文化保护的协调一致。一方面通过旅游开发改善村落的基础设施和环境卫生,使古村落风貌更加整洁、和谐、美观;另一方面,通过旅游开发改善现有的空心村的局面,增强村民对本村传统文化的自豪感,让更多的村民自觉地投入村落的建设之中,留住乡愁。

翁丁村原貌

翁丁村更新后

透视图

滇·畔 | 滇池南岸古渡新村概念设计

Concept Design of Gudu New Village on the South Bank of Dianchi Lake

作　　者：王睿　李卫兵
项目团队：云南艺术学院
项目地点：昆明滇池岸边的乌龙古村
项目来源：2018云南省本科教育教学改革项目《基于云南民族文化创意"校地（企）合作"的建筑学专业实践模式改革研究》研究成果

设计团队：云南艺术学院
项目时间：2017年

项目简介

"滇·畔——滇池南岸古渡新村概念设计"依托昆明滇池岸边的乌龙古村入选昆明市历史文化名村的特殊条件，充分挖掘村中的各种相关有利资源来为进一步打造当代美丽乡村服务。通过梳理山水、田园、湿地和人居环境四大格局，对涉及的空间形态、功能布置、风格特征、环境特色等内容加以系统性的调整与优化。其中通过使用现代设计来对该村历史上的"古渡渔灯"情景加以再现，使得设计具有鲜明的地域文脉特色。

当地原始地形肌理由多年当地村民生活、居住而生成，原始规划建筑密集，村落中环境绿化较少，人口过于集中，交通道路分散且较窄，路面崎岖，凹凸不平。我们重新将村落建筑进行规划，使其排列更加整齐有序，旁边搭配相应的配套设施，将公共设施重新进行调整，规划到合理的范围，新规划的道路更为宽阔、笔直，非村落部分规避了原始道路中小路过多的情况，组团特征更加明显。

乌龙村规划设计鸟瞰图

设计构思

乌龙村依山傍水，土地肥沃，光照充足，气候温和，风景秀丽，素有"鱼米之乡"的美称，历史上呈贡八景中之"渔浦星灯"所在地，具有较高的知名度。全村原有国土面积 2.06 平方千米，土地 6034 亩，以农业经物为主导产业，人均年收入 12000 元。近年来由于城市建设，原有水田 3084 亩被征用，仅存山地、山林和湿地等，经济结构发生了巨大变化。由于村落在环湖东路以外，村民将搬迁到新区。

乌龙村交通分析图

区位分析

乌龙村位于环湖东路一侧，并且附近还有在建地铁4号线，它拥有着快捷便利的交通，乌龙村的村民对外出行或周边的人到乌龙村方便无障碍。乌龙村右边紧邻着新建的滇池星城，有大量的固定人流，而且大学城也离得很近，只有十几分钟车程，呈贡县城就和村落距离较远，但附近有着方便的公共交通，两地之间的往返也很便捷、方便。乌龙村附近大量的人口以及方便的公共交通，再加上村落独特的湖滨景观，这些都是乌龙村未来成为优秀旅游小镇的潜在优势。

乌龙村呈贡所在区域表示图

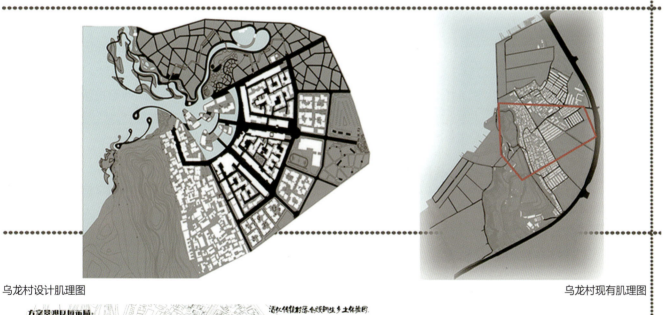

乌龙村设计肌理图　　　　　　　　　　　　　　　　　　　乌龙村现有肌理图

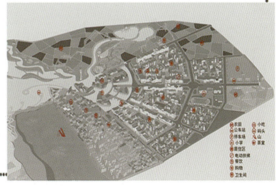

乌龙村呈贡服务点分类示意图

61

规划思路

乌龙村为典型的渔村，整个村落的发展就是依靠河流建立起来的，生活中靠渔猎耕作，商业上需要滇池进行水运贸易，对于乌龙村而言，水既是生活中的一部分，也是精神中的一部分，在不知不觉间，湖水不单单流淌在村子边，也流进了血液里，成为世世代代生活于此的村民不可分割的一部分。以船只为原型，将村落重新进行规划和改造。船作为一种独特的交通工具，当它运动时是载具，当它静止时则是河流中的"小岛"。乌龙村未来会作为独特的临水旅游小镇而出现，希望这样的重新规划可以强化村中关于水与渔的这一特点，通过这样的设计能将乌龙村打造为滇池沿岸的一颗明珠。

地块生成

乌龙村原始地形类似于身形，根据分析和讨论后，小组认为可以将重新规划的范围进行缩小，为后者的长矩形，再以船只为意向，将图地不断切割、分开、拉扯，整个地块最后形成大面积陆地上小岛屿的形状，各条道路不断延伸，也成为岛屿的一部分。

地块生成图

从总图上看，道路以岛为中心呈放射状，形似渔网撒在水面上，有明显纵深关系，中间有一条景观大道，也是村子中的主路，两边各有三条支路，为村子车行道，其中有多条横向道路将几条竖向道路串连，状似渔网的结构，保证村落中有一条主要的沿街大道，游人可在其中行走、参观街景，村中小路密集、曲折，主要模拟原始村落中的道路。湖边有一条景观环湖路，沿着此路行走可观赏到沿湖的美丽风光，旁边是配套的商业街。

一进村子，右边是停车场，行人可在此下车，步行进行参观，左边是大片花田，立面栽种着当地独特的花卉，不同的季节会有不同的景象。继续往前走，花田上面为村中小学，附近村落的小孩可到此学习，学校附近的三块紫色地块为住宅区，是供部分原村民在此居住的，继续沿着景观大道向前走是三个组团商业街，游人和就近的居民可在此购物、休闲、就餐等。这条景观大道的终点是沿湖景观道路，继续向前走可步行到岛上，岛上多为文化性建筑，不同的岛具有不同的功能，有当地文化展览馆、特色小吃等。

乌龙村呈贡所在区域表示图

乌龙村呈贡所在区域表示图

当地文化元素运用解析

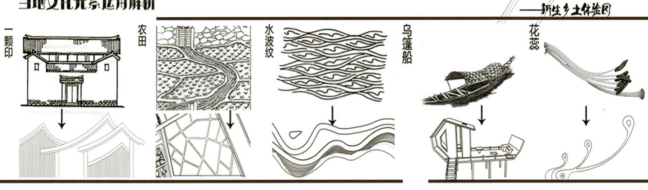

晚眺星千点

乌龙村背靠七星山，依山体有林中廊架卧龙道，随其往上建有观星阁，具有观景、观星作用，整体实现360°观景效果，视野开阔，观景效果极佳。

碧水暖烟

岸边的空中观景长廊开辟景观视线，高低错落的台阶营造出休闲观景和垂钓的滨水空间，驳岸处理自然与规则相结合，空间更有戏水亲水的乐趣。

炉火沿江

源于得天独厚的湿地条件，将现状的人工驳岸进行原生态湿地景观营造，恢复自然原始的人文景观。绿色环境为读书屋和野宿开发提供了绝佳的氛围。

空间布局：
- "一系" 农田水系
- "两田" 农耕田 花田
- "三廊" 农田空中廊架 滨水长廊 林中卧龙道
- "四道" 四条干道
- "五景观"
  1. 入口景观区—乌龙浦寻
  2. 农业景观区—翠归田庭
  3. 湿地景观区—芦火沿江
  4. 滨水景观区—碧水暖烟
  5. 七星山景观区—晚眺星千点

乌龙浦寻

入口区域以花田作为主要景观，种植云南特色花卉，田间设有作观光休憩的景观构架，此构架根据当地特色元素设计，也具有观赏作用。
使此景观区域富有当地乡土特色的同时也可作为特色产业发展经济。

苍归田庭

农耕体验区，源于乌龙村的农耕文化，在打造一个游览观光的休闲空间的同时，还充当着一个全面的农业科普场所，架空的廊架丰富了景观结构，有着开阔的景观视线，给游人提供多重的景观体验。

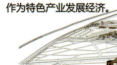

滇·畔｜五岛

Five Island

作　　者：王睿　李卫兵
项目团队：云南艺术学院
项目地点：昆明滇池岸边的乌龙古村
设计团队：云南艺术学院
项目时间：2017 年

五岛效果图

岛上建筑

岛上建筑主要为文化馆、展览馆等，多为文化性建筑，加上一部分休闲性建筑。五座岛也相当于一个独特小公园，可供参观、休憩、游览。岛上建筑因功能原因，体量较大，基本为一层，整体立面造型与陆地上造型相似，材料一样为夯土。

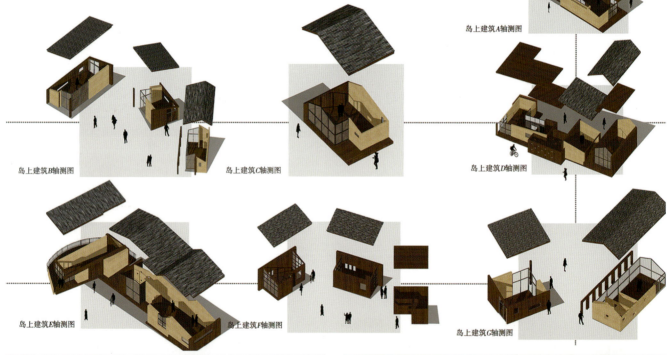

岛上建筑A轴测图
岛上建筑B轴测图　岛上建筑C轴测图　岛上建筑D轴测图
岛上建筑E轴测图　岛上建筑F轴测图　岛上建筑G轴测图

街边效果

各建筑轴测图位置示意图

岛上建筑：商业建筑

商场A栋一层平面图

商场A栋二层平面图

商场A栋顶层平面图

一层平面图

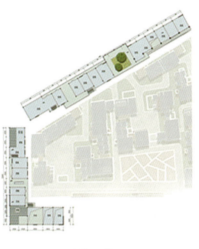
二层平面图

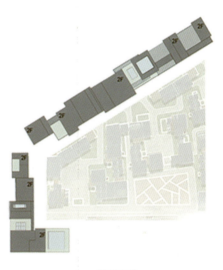
顶层平面图

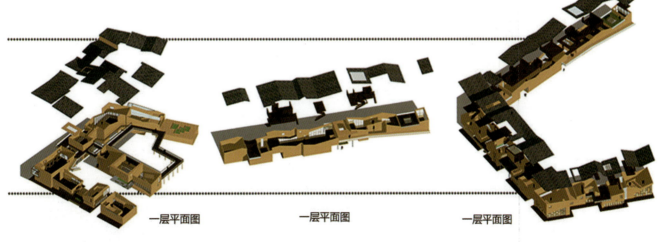
一层平面图　　　　一层平面图　　　　一层平面图

　　商业街在整个体块中处于中部位置，为了满足村内常驻人员与外来人员的功能需求将商业街作为整个地块的中段部分，采用沿街排布，采用围合形式，商业街围合部分做成居住小区。

　　采用灵活的平面布置功能房间，交通方式灵活，运用串联或并联的方式组织功能空间的排列。考虑到该建设用地面积并不大，服务内部人群并不多，因此商业建筑群并不集中，但该地区将来要作为旅游度假文化村，必要的经济功能相比于昆明其他村镇来说要多注重一些，以此来满足该建设区域的功能需求。

岛上建筑：文化展览馆、冥想室、咖啡厅和部分民宿设计手稿

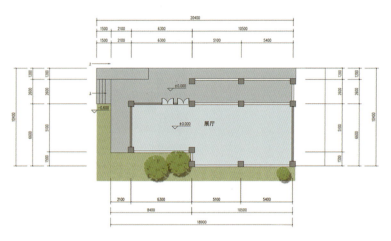

文化展览馆平面图

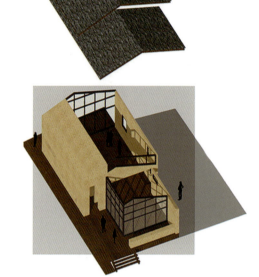

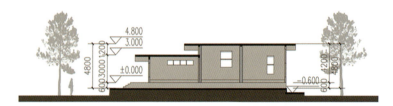

文化展览馆剖面图

文化展览馆轴测图

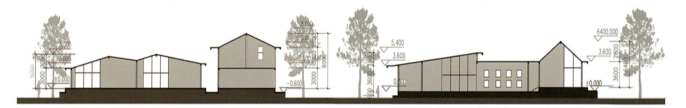

文化展览馆立面图

部分效果图

冥想室平面图　　　　　　　　　休闲咖啡厅平面图

休闲咖啡厅轴测图

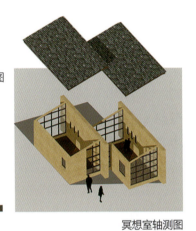

冥想室剖面图　　　　　　　　　　　　　　　　冥想室轴测图

改造前的房屋

一颗印，形状规整、四方，后期新建的建筑为了与之相互对应，整体建筑也多为这种布局，方正、紧凑。初步的设计中便决定将这一个片要改造的区域定义为建筑体验区，所以在其中大概设计了四五个户型，分别为住宿和餐饮、休闲等，不同的户型可进行简单的拼贴，可形成不同的空间体验。

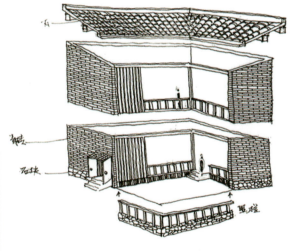

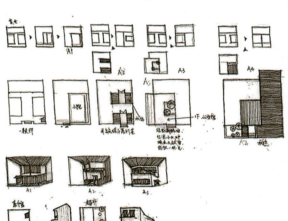

民宿手稿

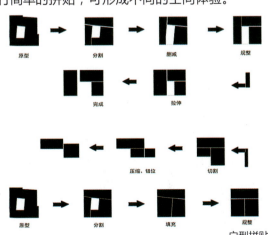

户型拼贴

滇·畔 | 农田景观区
Farmland Landscape Area

作　　者：王睿　李卫兵
设计团队：云南艺术学院
项目地点：昆明滇池岸边的乌龙古村
设计团队：云南艺术学院
项目时间：2017 年

麦田廊架

　　农田为马赛克式分布，即仿造马赛克的构图模式将连片的土地分割为不同形状的块状土地，种植不同的作物，通过作物不同的颜色搭配拼接，形成色彩斑斓、富有韵律感的农田景观，并在其中点缀性种植一些乡土树木或设置一些具有乡土特色的景观装置，如稻草人，以构成具有地方特色的农业景观。农田里设置有空中廊架，从区域次干道接入，横跨整个农田景观，至湿地部分结束。每隔适当距离有楼梯通往地面，廊架与地面距离较远，从上可俯瞰整个农业景观区，是一种特别的观光视角，给使用者一种特殊的感官体验。

　　在农田景观区中有一水域，水域旁设计有亲水平台，平台从陆地延伸到水面，使游人更方便接触到水域或者接触水生动植物、了解水环境。

　　在乌龙村中世代延续"耕读传家"的传统，明清时期，乌龙村没有学校，但村中子弟可到斗南的社学读书，然后选拔入设于呈贡县的义学和文庙，参加科举考试。"耕读传家"同时也代表着乌龙村人从先辈传下来的读书济世的思想抱负。农田景观区到湿地景观区中散布着读书屋，在这一区域里，呈现了乌龙村传统的耕读文化。这是一种不同于中国古典园林的意境营造方式，鲜活地展现了这里的传统农业文化，"耕读传家"的传统文化在这里被赋予新的生命。

观景长廊

滇·畔 | 湿地读书屋
Wetland Reading Room

作　者：王睿　李卫兵
设计团队：云南艺术学院

读书屋全貌

在长期的发展过程中，乌龙村形成了多样性和精耕细作的农耕文化；以"耕读传家""天地君师亲"供奉为日常追求的儒家文化；乌龙村对文化教育的重视程度早有了历史渊源，且在当下，出现了读书热，人们对阅读的冷淡情绪有了反转倾向，读书屋的出现不仅仅受利于乌龙村落的居民，同时也是外来人再次体验阅读诗书乐趣的地方。读书屋整体采用木质构架，提取传统建筑"一颗印"立面剪影的主要形式，将其运用于读书屋的设计构建中，也使得现代与传统融合得更好。

读书屋北立面

读书屋西立面

读书屋东立面

读书屋夜景

云南省昆明市呈贡区大渔街道海晏村

The Village of Haiyan in Dayu Street of Chenggong District, Kunming City, Yunnan Province

作　　者：邹洲（云南艺术学院）
设计团队：云南艺术学院"乡村实践工作群"
项目地点：云南省昆明市呈贡区大渔街道海晏村

项目基本情况及背景

海晏村节点式保护策略是在昆明市呈贡区政府和云南艺术学院的支持下，由云南艺术学院设计学院"乡村实践工作群"作为区域保护与乡村复兴的研究主体，希望通过基于微循环节点式创新实践改造的乡村有机更新计划。

作为滇池流域内保留相对完整的一个渔村，和其他乡村社区一样，对于海晏村的保护、整治与复兴面临着种种难题：村落空心化、公共设施不完善、区域风貌不断恶化、产业结构亟待调整，复杂严格的历史风貌保护控制，无法成规模地引入产业，难以找到一种合适的路径引导当地居民参与改造，没有形成有效运作模式支撑区域保护与发展。改善民生、社区共建、风貌保护、城市可持续发展之间的矛盾在很长一段时间内难以取得平衡，这也使得原住民在保护和发展区域过程中缺乏主动性，区域本已落后的生活、社会与经济环境条件继续恶化。

海晏村位于云南省昆明市滇池国家旅游度假区大渔片区，2016年被列为昆明市首个市级历史村镇，是目前唯一一个完整保留了明清古村落旧貌的古渔村和古码头。海晏村不仅是滇池水岸变迁的重要见证者，更是滇池流域独特的历史文化和生活文化的缩影。它体现了人与自然的和谐共生，是流淌着时间与空间记忆的村落，走进海

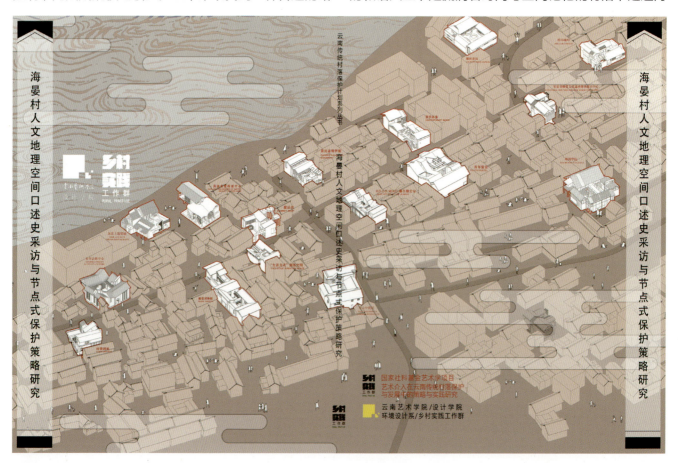

晏村，立刻就能看到自然质朴的生活与多样性存留的文化与习俗，拥有独特性和自然同生共融的宽厚，依然保留着文化的根基与那份天真、质朴及对自然的敬畏之心，我们可以看到依山水之势，就地取材的建筑样式及"一方水土养一方人"的道理。

设计改变乡村，设计让乡村更像乡村

对于海晏村节点保护策略的研究始于2017年，是在昆明市呈贡区政府的指导和云南艺术设计学院的支持下，由云南艺术设计学院"乡村实践工作群"作为区域保护与乡村复兴的研究主体，希望通过基于微循环节点式创新实践改造的乡村有机更新计划；同时成立了一个开放的工作平台——协同创新中心（英文名：Collaborative Innovation Center），作为学术与市场的对接平台，希望通过与城市规划师、建筑师、艺术家、设计师以及商业家合作，探索并实践原生态乡村有机更新的新模式。

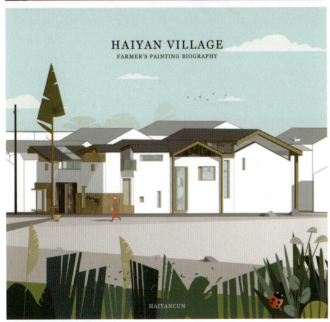

农民画传习馆立面图

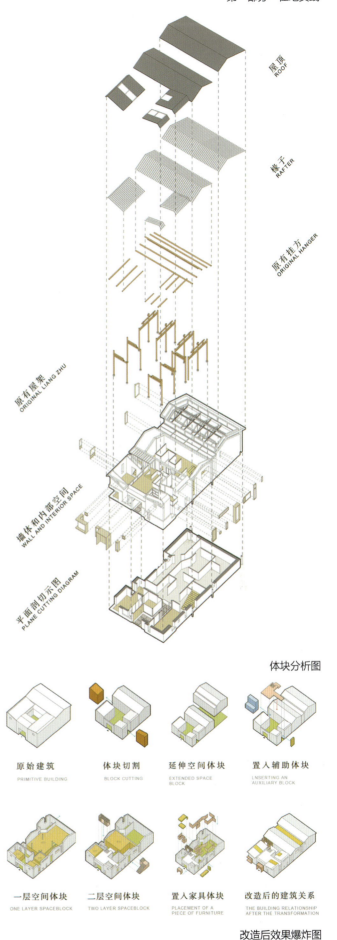

体块分析图

改造后效果爆炸图

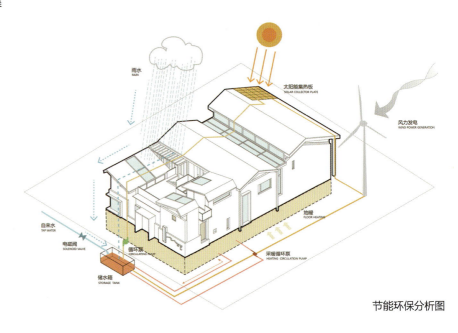

节能环保分析图

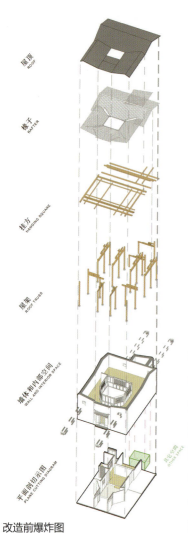

改造前爆炸图

在此背景下，亟须采取一种新的模式对海晏村进行保护与更新。新模式的重要特点之一，即改变"成片整体搬迁、中心规划更新"的方式进行更加灵活、更具弹性的节点和网络式软性规定散布其间的院落、街巷，按照系统规划、社区共建的方式进行有效的节点簇式改造，并产生网络化触发效应，不同节点的改造形成节点簇。逐步再连成片，这样不仅可以尊重现有街巷肌理和风貌，灵活地利用空间，更重要的是，将"单一主题实施全部区域改造"的被动状态，转化为"在地村民合作共建、社会资源共同参与"的主动改造前景，将海晏村传统的渔猎与农耕群落建设成为新老居民、传统与新兴业态相互混合、不断更新、和合共生的社区，复兴滇池流域传统村落本该有的繁荣景象。

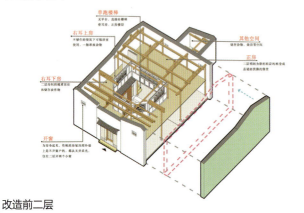

改造前二层

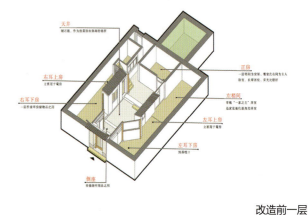

改造前一层

改造后二层

改造后一层

大渔街道海晏村"生活方式"创客空间
"Life Style" Renovation Space

作　　者：邹洲（云南艺术学院）
设计团队：云南艺术学院 "乡村实践工作群"

设计改变乡村，为村民而设计

　　连续十四年的云南艺术学院设计学院校地、校企设计创意大展，是推动社会创新实践的重要核心动力。我们以设计大展为契机，进行新模式的尝试。今年，我们将进一步通过展览、活动出版物等多种形式，向公众展示海晏村节点式保护的策略和模式、过去一年的在地工作成果，以及未来的行动计划。

　　作为历史文化和乡村文明的交汇之地，如今的海晏村逐渐成了当下的热点地区，它所蕴含的时代所寄托的乡愁情结，会不经意地勾起忙碌的都市人群对于平静生活的向往和怀念。

　　然而，虽然老村的肌理仍然存在，可是近年来村内新建房屋的风貌却急剧恶化。继城市文明不断扩大和入侵之后，许多本地居民从一颗印合院式的建筑内迁出，

创客空间立面

创客空间剖面图

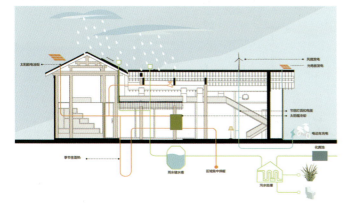

创客空间功能示意

更多租户进入院内临时搭建的建筑内生活。这样的临时搭建很多不会被移除，而是租出去以补充居民的收入。这一点，虽然满足了城乡周边流动人口对低租金住房的需要，但也使得传统村落的风貌逐渐瓦解，使海晏村成了一个城乡结合地段的混合型聚落。

　　海晏村的肌理是由一些错综复杂的小巷道组成，极易迷路。因此对于视角系统而言，一个非常实用的需要就是给初来乍到的人们进行局域内部导航。于是设计团队在视角系统中体现了此功能，使该地区的地图成了主要的视觉元素。

大渔街道海晏村青年旅社
Youth Hostel

作　　者：邹洲（云南艺术学院）

设计团队：云南艺术学院 "乡村实践工作群"

设计改变乡村，设计改变生活方式

海晏村节点式保护策略研究：协调。

协调方法是乡村振兴事业在地缘关系上推行所必需的关键因素，因此在实践上我们通常需要一定的时间周期。这不是一件可以快速实施的事情，需要所有参与方的妥协。平台的作用是以"节点"能实行的方向去边缘化一切行为，使之有效地执行计划本身。同时协调也可以被划分为两种主要的方式。首先是入驻商业之间的协调，其次是项目中社会的沟通性和包容性之间的协调。

青年旅社立面

入住商家、政府资助 / 实施节点计划

海晏村这片区域显然缺少一些重点基础设施来吸引商业入驻、地方和国家政府的资金投入等。但要获得这些资金要经历一些烦琐的过程，并且需要非常具体的商业登记。这种情况下，通常是大型企业或政府组织来作为这笔资金的领取者。此外，理论上投资的比例通常可以从收购物业中获得，可目前的补偿成本如此之高，却没有得到显著的收入回报。

青年旅社空间分析

青年旅社功能分析

大渔街道海晏村
时间酒廊

Time Lounge

作　　者：邹洲（云南艺术学院）
设计团队：云南艺术学院 "乡村实践工作群"

时间酒廊总平面图

时间酒廊

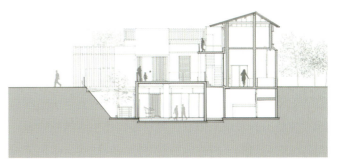

时间酒廊剖面图

艺术修复乡村，艺术推动村民参与

村民与我们一起工作并依靠计划的文件作为支持，使得小企业和各项活动得以从政府处得到相应财政支持。以这种形式翻新历史建筑将会更有帮助，且相较于以往依靠开发商或其他大型国有组织也会更加受到村民的赞同。

海晏村节点式保护策略研究：支持。

时间酒廊排水图

支持计划模式

支持计划涉及使用平台去支持区域内新入驻的和已有的业态。除了提供协调，我们也可以对推广改造地区提供支持，尤其是在开始形成的第一阶段。

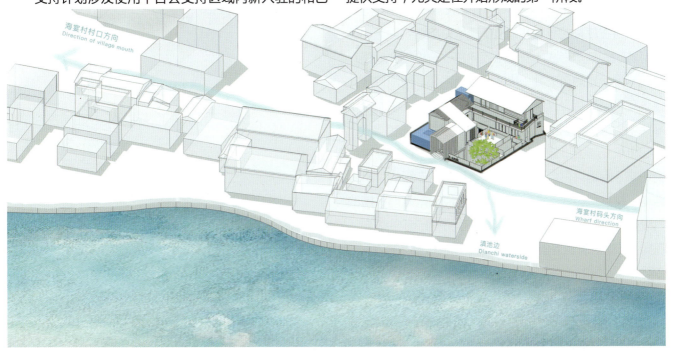

时间酒廊全景

云南大理白族自治州古村落中的住宅

Rural Houses Design in Ancient Villages in Dali Bai Autonomous Prefecture, Yunnan Province

作　　者：蒋钰（苏州大学金螳螂建筑学院）
　　　　　黄迪（苏州平介建筑科技有限公司）
　　　　　杨楠（西交利物浦大学，江苏 苏州）

项目地点：云南大理白族自治州
设计名称：诺邓牛舌坪村民宿项目

基本情况

场地地处云南大理白族自治州云龙县城的诺邓村，位于千年白族古村诺邓古村的西北方向。近年来随着当地旅游业迅速发展，依据村民对现代化生活的新需求，拥有城市品质的乡村住宅形式开始入驻村落。牛舌坪村民宿项目就是在这个背景下，以现代手法介入传统的建造形式，通过保留与革新所建成的与当地环境相协调适应的可持续性新住宅。

项目的影响和继承

牛舌坪村的建筑基本延续了云南白族民居院落的建筑式样，受到山形地势影响，建筑朝向、布局组合都结合山形地势特征，构思富于变化，风格也呈多样性。庭院或较小或坐落在不同高度的台地上，依旧体现了"一坊一廊""两向两坊""三坊一照壁""四合五天井"等传统的建筑布局。

项目在原来的场域基础上，延续白族传统建筑"两向两坊"的基本形式，一坊坐西向东，一坊坐北朝南。在两坊间设置漏角天井，房屋两边做围墙，围成院子。建筑在平面布置上延续传统民居方正、规矩、主次分明等特点，均以天井为中心，建筑空间感及层次感较丰富。而在建筑元素上，保留了庭院、檐廊空间，在檐廊中种植花草，围墙以白色为基调，房墙保留"三段式"材料结构：灰瓦、砖墙、石材勒脚，以适应云南潮湿多雨的气候条件，满足业主的生活需求。不同于四合院的内向、压抑，在建筑表现上崇尚自然、注重建筑与自然的协调。

项目的可持续性发展

作为建筑师下乡介入乡村的一种实践，项目尝试在保留传统民居特征的基础上，融合现代建筑的形式语言，

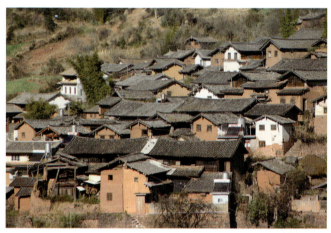

诺邓村风貌

为地方文化生态、历史文脉、现代建筑美的文化、居民生活体系发生持续关系构筑载体。项目褪去传统白族建筑"粉墙画壁"的装饰性内容，砖混结构的介入使建筑整体更为朴素简约，通过对"L形"空间的采光通风条件的科学分析，划分空间，创造场域特质，为业主创造更明确合理的功能布局，更丰富了活动空间，使乡村住宅也变得宜居。

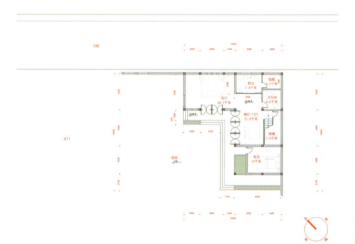

一层平面图

第一部分　在地实践

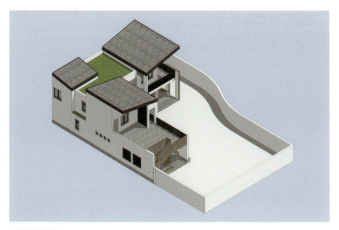

建筑轴测图

建筑传达的思想

当今时代，城市化呈现日渐衰弱的趋势，城市农业的发展、新农村的建设，都在使城市和乡村两者发生融合，然而城市构筑的乌托邦未来和乡村的盲目复古化也显示了人们对于城乡两者的畸形化认知。乡村要发展需要破除城乡二元化结构的惯性思维，从惯用的纯粹乡村性设计或者城市化设计中找到第三条道路，即扎根于乡村，设计与这片土地发生特殊的产业联系、文化关系，又满足村庄现代化新需求的共同体。那么如何使设计介入乡村？首先就要考虑到乡村与城市存在的不同的区位关系。于城中村，更多是解决法律和经济的问题，而对于牛舌坪这样边远的乡村，则是解决生存基本设施的问题和技术的问题。

经过一段时间的深入调查我们可以很清晰地感受到牛舌坪建筑植根于深处的白族传统文化，坡屋顶、夯土石墙、石材勒脚、多样围合的建筑布局形式，还存留保存完好的明清古建筑等。这种历史厚重感是村庄最大的财富，然而若完整保留这种古朴建筑形式却也是限制牛舌坪发展的一个客观因素——建筑使用效率低下，无法满足居民、游客的现代化需求。乡村也需要有品质生活，乡村也可以有品质生活，项目正是以此为出发点，建造以居住为本位功能并且发展民宿旅游的复合型乡村建筑。不仅扩大了空间的使用效率，使居住于此更为舒适安全，也使游客能最大限度地触及这片土地，这种附加了诺邓传统白族文化生存智慧的现代旅游业应当是未来牛舌坪发展的新方向。

木质构造应用与隔断墙体示意图

而在具体的设计实践中，如何在传统建筑中融入现代性，使之满足当代更多元化的生活品质需求则是设计介入乡村的难点所在。牛舌坪民宿项目依据当代审美、功能需求在对原有建筑元素进行取舍后，试图通过传统框架下几种现代化建筑语言的运用，提供解决的思路：木格栅、木质合门、木质楼梯的应用，用简洁的形式，既保留古朴风格又具备现代装饰性。

建筑立面

中国西南乡村创新与可持续发展研究联盟作品集

苍东麓舍云南大理的乡建实践

Township Construction Practice of Cangdonglu Residential in Dali Yunnan

设计团队：白皓文　皓白设计工作室
项目名称：苍东麓舍
项目地点：云南省大理白族自治州大理，镇南门村

项目占地面积：196m²
项目建筑面积：434m²
项目建成时间：2019.05

　　初到大理，遛窜在苍山脚下的村子中，偶见梨花探出了古致的石墙，风摇影逸，古旧谦逊的石房子不高，从院子的果树中探出了头，相映成趣稀稀疏疏地点缀在山麓。古人似乎天然地懂得拿捏山海之间生存的尺度。

　　大理旅游业的升温和新移民现象的产生（非谋生为主，以寻求理想生活为首要的城市中产群体）煽动了村民的狂热，需求重塑了村民的居住空间。很快，老旧的房子被拆毁了，石头墙被推倒了，梨花树被劈成了烧火的木材，村民们笑咧着，满心地期待未来，他们单纯，单纯地以为更大更高则更好，一片片的村中城拔地而起，挤满了比例失调的"新白族民居"，占领每一寸能生财的空间，争先恐后地租售给那些期盼在大理获得新生活的都市移民。

　　但在这片土地世代劳作生息的村民们对这片土地的感情和理解注定有别于这些异乡人，这种矛盾是深层的，背山面海曾是他们生命中理所当然的一部分，而生存方式的急剧改变，冲击了人们与这片土地的紧密关系，似乎每个人都依附于这种改变，如何努力地变现脚下每一分属于自己的领地是他们一直所遵循的本能，只是这一次是修盖房子而不是种植庄稼。这一轮的乡建狂潮恰恰在天际线上展现着人最原始的欲望。然而，村民们所破坏的恰恰是这些从大城市远道而来的租客们在大理最希望得到的东西，那种与自然再次紧密联系的生活方式，不能直接变现的山海之间的情怀。

　　此项目就是在这样一个大背景下承接、设计并建造，位于大理古城苍山山麓的它是一个以原有正在建造在一片村中城之中的典型的新白族民居所改造而来的民宿，借着这一次机会，作为大理的旅居者有别于本地人对大理的情感和理解尝试调和这种矛盾。

　　在大理生活的三年里，体会着大理的日穹月宇，一日冬夏的四季，这种既让人喜爱又生厌的独特暧昧，反映在人居方面，则是与气象搓磨的智慧，传统建筑在敦实垒砌的安全感与轻适榫作的开放感这两种建造体系所

苍山脚下一村落 2012—2017 年卫星对比图

苍东麓舍夜景

第一部分　在地实践

总图

代表的虚实体验之间取得某种平衡。然而传统建造方式随着所依附的社会的瓦解而逐渐消亡，不同材质展现的温度和质感被钢筋混凝土所取代，虚实之间的平衡被粗暴地打破，如何再次取得这种平衡？

在这一理念下，我认为采用本地能寻得并能实现的材料和工艺，不拘泥于为古而古的虚假装饰（新白族民居），发展一种适应时代的建造及居住方式，运用当代的手法重新搭建这种虚实、质感乃至生活体验的平衡不失为一种有意义的尝试。将原建筑部分视作庇护的围蔽

改造前　　　　　　　　　　　　　　　　　　　　改造后

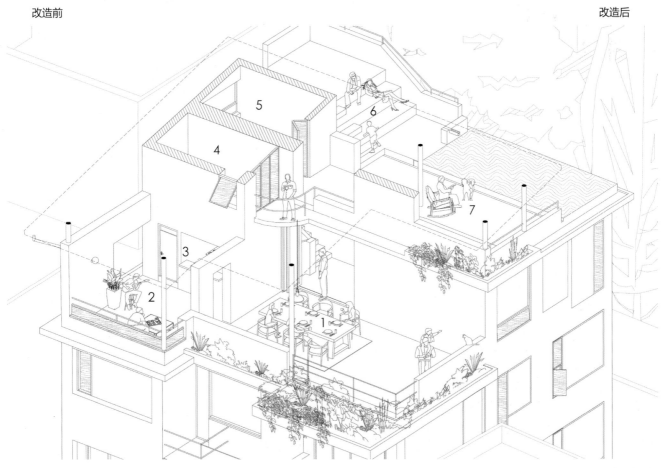

三、四层公共空间轴侧图

79

空间，作为"实"的部分，容纳客房等隐私、气密需求较高的功能。而一层庭院的狭促则推动了呈现梯状落差的顶层平台继承并发展成为更具大理意义的空间，取消部分立面，使用轻盈的钢结构支承起一个横跨顶楼两层平台的灰空间，作为"虚"的部分，所有设计上的动作都是作为背景引导人们去体验寰宇信息，将更具可塑性的体验空间如餐厅、茶室、观景梯台及阅读等共享的空间置于一种贯穿山海之间的巨大情境中去。

这个设计理念贯穿着这所苍山东麓的小舍的成长，村民们的态度，也从一开始嘲笑瞎捣腾，到建成之后赞许甚至一度有村民想抄袭设计，这种变化是很有意思的，或许这种在新背景之下对待居住空间品质的示范性的再探究，会使他们重新认识到与环境的联系应该更为积极，为日后他们建筑自己的家园提供一种有益借鉴。

小舍全貌

顶层空间

第二部分

乡建研究

中国西南乡村创新与可持续发展研究联盟作品集

中国西南地区农村住宅的可持续设计
——改善环境条件和性能的指南

Sustainable Design of Dwellings in Rural Southwest China

作　　者：艾德里安·皮茨　高芸
作者单位：英国哈德斯菲尔德大学 艺术设计与建筑学院 城市设计建筑与可持续发展中心

本书简介

我们这本书的这一篇为中国西南地区乡村住宅的设计和施工提供了详细指导。它是英国哈德斯菲尔德大学与中国多所高校及组织机构长期合作的成果。

多年以来，英国哈德斯菲尔德大学的专家和学者从文化、历史和环境等视角对中国西南地区乡村住宅的设计施工进行了研究，收集了云南、贵州、广西、四川、重庆等地新旧住宅的相关信息。

我们的研究发现：该地区新住房在满足现代设计、便利设施和基本居住条件的迫切需求的同时，并未对其环境性能进行优化。我们的研究成果：基于计算机预测工具的使用以及动态仿真模型的分析得出对设计者及相关人士有用的数据。

本项研究以比较被动节能技术及生物气候设计技术在室内热舒适性上的优势为目的，统计了中国西南地区46个地点的天气数据，并对其中15个地点进行了详细的参数模拟分析。分析的过程及结论参见下文及所附表格。

研究背景

中国农村人口约为5.7亿，他们居住的地区不一，环境气候各异。乡村各不相同，但各自的特点与所处地域密切相关。在地理位置上，中国西南地区虽然远离经济发达的东部沿海地区，但历史悠久，文化自然环境独特，在语言、习俗及传统服饰上有自己的特色。

西南地区少数民族众多。中国的55个少数民族中，西南地区拥有30个。由于每个村庄里的大部分居民都来自同一个民族，再加上家庭及宗族纽带，在他们之间形成了一种特殊的社会关系，他们相互协作，创造共同利益。在这种情况下，通过对传统手工艺的开发来刺激旅游业，为当地提供了发展的机遇并促进了经济的繁荣。

近年来，"一带一路"的政策积极发展了中国与中亚及沿线国家的贸易伙伴关系，西南地区因其地理优势获益良多。但是，另一方面，该地区在发展过程中所面临的困难也不少：第一，偏远村庄在地理上呈分散状；第二，海拔高（通常在2000m以上）；第三，有地震活动的可能；第四，通信系统不发达。

本文的作者们参与了大量的前期研究工作，并从中发现以下几点。

（1）在过去的30年中，中国的城市建设发展进程加快；这是中国经济腾飞的基础，使其在许多领域中成为世界强国。中国政府在2006年制定的"十一五"规划中指出[1]并多次强调（例如[2]）：城市的发展日新月异，而乡村地区的发展却相对滞后，号召大力发展乡村。

（2）乡村要得到迅速发展，首先在于新住宅的建设，这通常是由当地的村委会负责。发展速度的快慢取决于如何采用有效的生物气候技术和被动节能技术来提高住宅的舒适度。由于在保留传统建筑技术优点的同时，还需要改善环境和能源利用率，要实现这一点并不容易。

（3）尽管许多相关人士（主要是建筑师和规划师等专业设计人员及当地的乡村社区和领导）都参与了开发工作，但鉴于环境性能优化的信息还未普及，造成了他们在理解上的空白及相互之间沟通上的不足。这一问题可以通过本篇针对不同群体的指导得以解决。

本项研究不仅可以促进乡村的繁荣，而且为维护该地区的自然和文化环境提供了参考意见。

研究的最新进展

在过去的十年，中国制定了多项政策，投入了多个项目，以寻求最适合乡村发展的道路，这逐渐在地方政府和机构中产生影响。例如，云南省住房和城乡建设部和农村规划设计院制作颁发的两份指导文件[3,4]。

自2009年以来，英国哈德斯菲尔德大学的学者定期造访中国西南地区，并在文化和历史的研究领域建立了多个联系。2013年至今，在AHRC（英国艺术与人文科学研究理事会）的资助下，研究者重视可持续性设计施工，整合了各项研究成果，建立了中国西南地区可持续发展与乡村研究网络[5]，并发表了数篇出版物（例如[6]和[7]）。

在此期间，研究者多次在 12 个村庄调查访问，对乡村文化，建筑和居住者有了全面了解，并与当地领导、专业人士（例如规划设计院的设计人员、建筑师、开发商、官员和学术研究人员）及居民进行了深入探讨。

本文的作者们观察到中国西南乡村地区在以下方面的发展迅速：新建的住宅具有城市化的便利设施和功能，以前的老住宅是木制的，而现在的新住宅用的是现代化的建筑材料（例如混凝土、玻璃窗等）。在乡村住宅新旧更替的过程中，作者发现在修建乡村的住宅时，不单可以遵循标准的混凝土墙和瓷砖屋顶方法，还可以使用其他的设计施工方法。

有些村庄的房屋在设计施工过程中，运用了一种混合模式，既采用了现代技术又保留了传统民族特色。作者们认为，如果在这个模式上运用气候敏感的原则，则不失为保留传统工艺价值的一种有效的方法。

如图 1、图 2 和图 3 所示，在云南省南部西双版纳傣族自治州，一个傣族小村庄采用了传统和现代风格相

图 3 西双版纳傣族村庄"混合式"房屋示例

结合的建筑风格。尽管这种风格代表的是傣族的文化和历史，但这种传统与现代相结合的方式，在其他地区和其他民族的建筑中也得到了运用。

不单只是照片里的影像，在乡村住宅设计研究中也有很多证据表明，设计师及相关人士对生物气候原理有了一定程度的理解和运用。这本指南的任务是将这些技术和其他知识相结合，通过对环境的分析来优化建筑。

环境分析

过去，在传统住宅中运用过基本的气候设计技术；目前，建筑师和其他专业人员在设计新住宅时采用的方法，体现了他们对与气候有关的环境技术的理解。因此，以更"气候敏感"的方式来进行设计是有可能实现的，但是作者们发现，由于缺乏适当的指导，目前这方面的设计尚缺乏组织性和有效方式。将建筑设计、气候及居住者的需求这三者连在一起的分析被称为"生物气候分析"。

Climate Consultant 软件

在本研究中，采用了两种分析方法。最初选择的是"Climate Consultant"（气象数据可视化软件）（可从 UCLA 网站上下载[8]）来估算"被动节能"和"主动节能"设计技术产生的影响。一般来说，被动节能技术是指通过建筑物的空气对流作用来提供免费能量（例如通过建筑物开口来通风）的技术。主动节能技术常用于受控功能，而这些功能必须在有外部能量输入的条件下才能运行（例如建筑物中的供暖或制冷系统）。一名有经验的建筑师或设计师，在特定位置和特定气候条件下，通常只需稍作努力即可在设计中使用被动节能技术。

在生物气候分析过程中，使用气象数据来计算在技术恰当的情况下，一年中可以为居住者带来舒适感的小时数。下文列出了各项技术（包括主动节能技术

图 1 西双版纳傣族村庄传统民居的示例

图 2 西双版纳傣族村庄现代风格房屋示例

和被动节能技术）的名称。人们一般会通过网络上的 EnergyPlus 仿真软件[9] 来获取气象数据[10]，中国的气象数据来自清华大学。

① 利用天气产生的舒适感（被动节能）；
② 窗户的遮阳（被动节能）；
③ 高蓄热（被动节能）；
④ 夜间通风高蓄热（被动节能）；
⑤ 直接蒸发散热（主动节能）；
⑥ 两级蒸发散热（主动节能）；
⑦ 自然通风散热（被动节能）；
⑧ 风扇通风散热（主动节能）；
⑨ 内部保温（被动节能）；
⑩ 被动式低损耗直接获取太阳能（被动节能）；
⑪ 被动式高损耗直接获取太阳能（被动节能）；
⑫ 室外防风（被动节能）；
⑬ 仅加湿（主动节能）；
⑭ 仅除湿（主动节能）；
⑮ 除湿散热（被动节能）；
⑯ 加湿加热（被动节能）。

研究中设置的舒适度分析选项来自 ASHRAE Standard 55（美国采暖、制冷与空调工程师协会 55 号标准）和最新的基础手册。使用 PMV（热舒适指标）来量化居住舒适度，并在计算中考虑房子主人是否适应。这样，就可以通过计算额外的热舒适小时数来对使用的技术进行评估。本项研究的目的为：让该地区熟练的设计师用他们已掌握的方法来设计和施工，而无须额外的能源，因此研究的对象仅限于被动节能技术。

由于气候原因，有些技术能更好地制造舒适感或减少不适感。本项分析逐月进行，以年为单位对数据汇总，并在后续章节中对结果进行了详细统计。年度数据也可以通过空气湿度图直观地展示。图 4 为云南省勐腊县的例子。

"EnergyPlus" 软件

研究者采用前文所提到的更高级的公共软件"EnergyPlus"对同样的数据作了更详细的分析。"EnergyPlus"的计算引擎已在许多其他环境模拟软件中得以应用，并且界面更加人性化，但是对熟练的技术人员来说，数据分析的快慢并不会受到界面人性化与否的影响。

在这次分析中，对执行参数进行多次比较，最终在西南地区选择了 15 个地方具体如下。重庆市：沙坪坝区和酉阳县；广西壮族自治区：河池市、龙州县和南宁市；

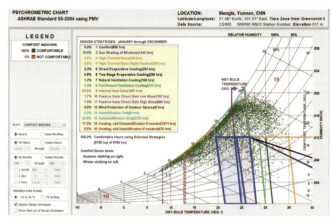

图 4 西双版纳勐腊县生物气候分析的空气湿度图

贵州省：毕节市、贵阳市和三穗县；四川省：成都市、会理县和松潘县；云南省：德庆县、昆明市、勐腊县和元江县。在每个地方进行了 216 个不同的仿真分析，总数为 3240 个。

在参数研究中使用的各种建筑参数如下。

简单建筑物的主要静态（不变）特征为：

• 主要外部尺寸：宽度为 7.8m；深度为 8.1m；2 层地面到 1 层地面高度为 3m；中层地面为 0.1m 厚的混凝土；

• 双木门至前立面高 2.4m，宽 1.4m；

• 墙壁：主要部件的厚度（无绝缘层或空鼓）= 0.24m；

• 窗户：高 1.5m；窗底高于地面 0.9 m；仅在前（主）立面和后立面透光；通过改变宽度以适应窗口尺寸的变化；

• 每层楼 2 人（一个活动级别）；衣物隔热值：0.7 g；由于计算复杂，除居住者外，其他人的热量忽略不计。

针对其他建筑特征选择了一系列参数备选方案：

• 四个主要朝向：东、南、西、北；

• 三种窗墙比（全部为单层玻璃）：

"低窗墙比"：前窗与墙的面积比（WWR）= 0.2，后窗与墙的面积比（WWR）= 0.15；

"中窗墙比"：前窗与墙的面积比（WWR）= 0.35，后窗与墙的面积比（WWR）= 0.25；

"高窗墙比"：前窗与墙的面积比（WWR）= 0.5，后窗与墙的面积比（WWR）= 0.35。

• 三种换气率：

每小时换气 0.25 次；

每小时换气 0.5 次；

每小时换气 1.0 次。

• 三种具有不同热影响的结构：

"重量级墙"：承重混凝土框架，带有密集的砖墙填充物，内部石膏板厚度为 0.015m；混凝土屋顶结构厚度为 0.1m；混凝土地面厚度为 0.1m；

"轻质墙"：轻质混凝土砌块墙，内部石膏板厚度为 0.015m；混凝土屋顶结构厚度为 0.1m；混凝土地面厚度为 0.1m；

"轻质隔热墙"：0.1m 厚的轻质混凝土砌块墙，内部石膏板厚度为 0.015m；混凝土屋顶结构厚度为 0.1m，内部保温层厚度为 0.1m；混凝土地面厚度为 0.1m（无保温层）。

研究结果

我们总结了 climate consultant software（气象数据可视化软件）的分析结果，这些数据证明：① 可以采用多种被动节能设计技术来改善建筑物内舒适度的百分比（%）；② 通过调整设计施工技术可提高舒适度，并且不需要（实际上避免了）使用额外能源来供热和制冷。

尽管各地天气条件不一，得到的数据有所差异，但研究发现以下几个结论。

1. 内部得热

尽管人们通常认为从建筑物内部获得的热量（来自居住人员的活动以及所使用的家用电器）不属于设计技术，但其贡献巨大。因为它在夏天可以避免室内过热。在气候温暖的地方，当天气转凉的时候，也可以提供居住舒适感。除此之外，采用绝缘材料来保持建筑物内部的热量也十分重要。

2. 自然通风冷却

第二个重要的设计是寻找建筑物中合适的开口位置来提供自然通风。这对于一年中较热的季节尤其有益，它是一种从建筑物内部带走热量的方法，并可以通过空气在人体表面的流动来增加居住舒适度。

3. 窗户遮阳

在有些地方，增加舒适度的第三个方法是使用遮阳设备，尤其是对窗户进行遮阳。遮阳设备可以降低炎热天气里建筑物内部的温度。为了达到更好的遮阳效果，设备的位置选择十分重要。

4. 被动式太阳能产热

与第三个设计相反，第四种方法是从太阳辐射中获取热量，为一年中较冷的季节提供直接的热量（例如通过窗户）和间接热量（对建筑物进行局部加热并将热量传递到室内）。通过对比，我们发现被动式太阳能产热的位置与遮阳的位置是不同的。

其他发现

在有的地方，某些被动节能技术对舒适度提升的影响不大。此外，由于各项技术之间的此消彼长，单纯地把单个的技术叠加无法增加舒适时间。

"EnergyPlus"软件程序可对能源和环境绩效进行分析；它可用于计算使用上文参数设计的住宅示例的内部条件。"EnergyPlus"是一种动态模拟软件，它使用建筑材料数据以及气候数据来计算住宅内的内部条件。该软件已经通过大量测试和验证，可以用作分析预测工具。当然，该软件分析采用的气候数据仅为某个年份的数值，并不能代表非常准确的天气状况，但提供了可靠的近似值，可用于分析比较。

在这项研究中，计算了建筑物第一楼层和第二楼层室内的平均温度，然后将其与居住者对舒适度的期望值进行了比较。在本研究中，它被用来说明乡村地区居民的感知反应。然后将逐小时分析所得的数据进行组合，以预测设计能够提供舒适条件的预期小时数百分比。

我们从分析结果中得出了以下结论。

1. 墙体结构和保温

分析结果表明，在许多情况下，在轻质墙体结构中使用隔热材料是有益的，隔热材料既可以减少气候寒冷季节建筑物的热量损失，又能减少气候炎热季节建筑物对热量的吸收。目前中国西南地区的建筑中对隔热材料的使用较少，这是未来的建筑设计需要考虑的一点。

2. 空气流通和通风

在多数情况下，对建筑物中空气的流动进行控制，好处颇多。密闭性好的建筑物通常表现更好。

3. 窗户或玻璃面积及朝向

玻璃面积大小和居住舒适度高低的关系非常复杂，并且与玻璃的主要朝向有关，需要结合建筑物的实际位置和当地气候进行智能分析。

4. 一楼或二楼

鉴于建筑物的一楼和二楼情况不同，这可能会对居住的整体舒适度产生重大影响。例如，在不同气候条件下，最佳居住空间会发生变化。在一年内的不同季节，随着气候的变化，最佳居住的楼层也会发生变化。

5. 各个地区的不同建议

重庆市沙坪坝区：全年舒适小时百分比（简称舒适比）为 24.2%（浮动区间 21.1%～28.7%）。轻质保温结构可让舒适比增加约 2%。窗墙比对舒适比影响很小，低窗墙比略优。南北朝向略好于东西朝向。一楼比二楼的舒适比高约 2%。中度换气率略优。

重庆市酉阳县：全年舒适小时百分比为 26.2%（浮动区间 22.3%~31.3%）。轻质保温结构可让舒适比增加约 2%。窗墙比对舒适比影响很小，低窗墙比略优。南北朝向略好于东西朝向。一楼比二楼的舒适比高约 3%。中度换气率最优。

广西龙州县：全年舒适小时百分比 25.0%（浮动区间 21.0%~31.4%）。轻质保温结构让舒适比增加约 4%。窗墙比对舒适比影响很小，低窗墙比略优。南北朝向略好于东西朝向。一楼比二楼的舒适比高 0.5%。中低换气率最优。

广西南宁市：全年舒适小时百分比为 26.4%（浮动区间 21.1%~34.2%）。轻质保温结构让舒适比增加约 6%。窗墙比对舒适比影响很小。朝向差别不大。一楼与二楼的舒适比相近。中低换气率让舒适比增加约 2.5%。

贵州贵阳市：全年舒适小时百分比 30.7%（浮动区间 24.6%~41.4%）。轻质保温结构让舒适比增加约 5%。窗墙比对舒适比几乎没有影响。南北朝向比东西朝向略高约 1.5%。一楼比二楼的舒适比高约 5%。中度换气率让舒适比增加约 1%。

贵州三穗县：全年舒适小时百分比为 26.2%（浮动区间 22.4%~33.4%）。轻质保温结构让舒适比增加约 3%。窗墙比的影响很小，低窗墙比略优。南北朝向略好于东西朝向。一楼比二楼的舒适比高约 3%。中度换气率最优。

四川成都市：全年舒适小时百分比为 28.2%（浮动区间 23.2%~35.4%）。轻质保温结构让舒适比增加约 6%。窗墙比对舒适比几乎没有影响。朝向差别不大。一楼比二楼的舒适比高约 2%。中度换气率略优。

云南德庆县：全年舒适小时百分比为 4.5%（浮动区间 0%~20.7%）。轻质保温结构让舒适比增加约 1%。窗墙比的影响很小，高窗墙比略优。东西朝向略好于南北朝向。一楼比一楼的舒适比高约 6%。低换气率最优。

云南昆明市：全年舒适小时百分比为 42.7%（浮动区间 28.4%~64.6%）。轻质保温结构让舒适比增加约 10%。窗墙比几乎没有影响。南朝向的舒适比比其他朝向高约 1.5%。对于两个墙体结构，一楼优于二楼，但不是隔热的最佳设计。低换气率让舒适比增加约 1.5%。

总结

在中国西南地区所进行的这一系列生物气候设计技术的参数对比分析是本项研究的价值所在。在以前的研究中，从未有过涉及如此大的范围（15 个地方的 216 种变化及 46 个地方的生物气候分析）的参数对比分析。

该研究旨在为设计施工人员、居民及社区领导等相关人士提供选项比较的初始方法。在理想情况下，只要有可信的气象数据，这种参数对比法就可以在特定的地点（村庄和城镇）使用。

从研究中可以发现，在有的地方，某些参数的差异相对较小，但在另一些地方，参数的差异却很明显，这代表了两种可能性：一是居住舒适度的较大差异，二是如果使用加热和冷却系统，能耗或成本会发生较大变化。因此设计需要优化。我们不但鼓励设计师使用生物气候参数来进行设计，而且鼓励用户自己设计，这不仅有利于提升新住宅或翻新住宅的性能，而且设计所采用的被动节能技术还可为当地人提供就业机会。

参考文献

[1] 中华人民共和国：关于乡村发展和建设社会主义新农村的特别报道，2012，网址：http://www.gov.cn/english/special/rd_index.htm（访问日期：2018 年 10 月 28 日）.

[2] 中国共产党中央委员会：乡村复兴战略计划（2018-2022），网址：https://mp.weixin.qq.com/s/Wi3IAkpDU2BeyFugY7B0SQ （访问日期 2018 年 10 月 22 日）.

[3] 云南省城乡住房建设部和云南城乡规划委员会：《云南省农村居民点整治技术指导》，中国，昆明，2018.

[4] 云南省城乡建设部与云南城乡规划委员会：《关于云南省改善和翻新民居风格及特点的指南》，云南省城乡建设部与云南城乡规划委员会，昆明，中国，2018.

[5] 中国西南地区可持续和创意村研究网络，网址：：https://gtr.ukri.org/projects?ref=AH%2FR004129%2F1（访问日期：2019 年 7 月 8 日）.

[6] Gao, Y. Top-Down and Bottom-Up Processes for Rural Development and the Role of Architects in Yunnan, China. Buildings 2016, 6, 47, doi:10.3390/buildings6040047. 高芸，中国云南省自上而下和自下而上的农村发展过程和建筑师的作用. Buildings 2016, 6, 47, doi:10.3390/buildings6040047.

[7] Pitts, A. Establishing Priorities for Sustainable Environmental Design in the Rural Villages of Yunnan, China. Buildings 2016, 6, 32, doi:10.3390/buildings60300032. 亚德里安·皮茨，中国云南乡村可持续性环境设计的优先事项。网址：Buildings 2016, 6, 32, doi:10.3390/buildings60300032.

[8] UCLA 能源设计工具，网址 http://www.energy-design-tools.aud.ucla.edu/（访问日期：2019 年 7 月 8 日）.

[9] Energyplus 软件，网址：https://energyplus.net/，https://energyplus.net/（访问日期：2019 年 11 月 10 日）.

[10] 中国气象局、气象信息中心、气候数据办公室和清华大学能源与动力工程系，《中国标准气象资料关于建筑热环境分析》；中国建筑工业出版社，中国北京，2005 年 4 月，ISBN 7-112-07273-3（13228）.

Sustainable Design of Dwellings in Rural Southwest China
—— A Guide to Improving Environmental Conditions and Performance

The authors : Adrian Pitts and Yun Gao

Centre for Urban Design Architecture and Sustainability, School of Art Design and Architecture, University of Huddersfield, UK

Introduction

This section of the Design Guide/Album of projects was developed as a response to the lack of detailed guidance for design and construction of rural and village dwellings in Southwest China. It arose following long-term collaboration between the University of Huddersfield in the UK and a number of universities and other organisations in China.

The initial background research was carried out over a number of years by academic staff from the University of Huddersfield This research gathered information on the design and construction of both old and new dwellings in rural villages of SW China (Yunnan, Guizhou, Guangxi, Sichuan and Chongqing) from cultural, historical and environmental perspectives.

This research discovered that new dwelling construction whilst addressing the immediate needs for modern design and amenities and basic shelter, did not always optimising the environmental performance. As a result new analyses based on use of a computer predictive tool and also a dynamic simulation model were planned and executed to derive data that might be of use to designers and other stakeholders.

Weather data for 46 sites in SW China were collated and used to identify and compare the benefits in terms thermal comfort from using passive/bioclimatic design techniques. Following this study, 15 of the site locations were investigated in a more detailed parametric simulation analysis. The outline description of the process and the main findings are included in the text and tables below.

Background

The rural population of China is estimated to be about 570 million people inhabiting a wide range of different climatic contexts and locations. Rural and village communities vary but there are special characteristics associated with the region of study. The South-West of China although being remote from the more generally well-known areas of the East Coast, has a long and varied history of development of its own, with distinct cultural and natural environment as well as individual languages, customs and traditional dress/costume and other.

The area is home to significant numbers of ethnic groups and within this region 30 different nationalities can be found from the total of 55 within China as a whole. Rural villages may each be occupied by one predominant ethnic nationality and this factor, together with family/clan structures, gives a special relationship amongst residents who may work together to exploit specialist knowledge for community benefit. The ethnic background offers opportunities for development by exploiting traditional skills and crafts and by promoting tourism; through these methods the economic prosperity can also be enhanced.

The region is well-placed to take advantage of policies that promote the 'belt and road' approach that connects China to trading partners in central Asia and beyond. The region of SW China also has its own particular challenges arising from: the geographical dispersed nature of remote villages; the altitude (often above 2000m); the potential for seismic activity; and restricted communication systems that existed in the past and which are now being improved.

The authors have been involved in a number of previous research activities and arising from these activities three drivers were identified:

1. Urban and building development in China has increased rapidly over the last 30 years; this is something that has underpinned the dramatic economic expansion of the country, turning China into a world power in many fields. The changes in urban development have been significant but those in rural areas have lagged somewhat behind. This was recognised by the Chinese Government in the 11th Five year plan from 2006 [1] which has been reaffirmed on several occasions (for example [2]). This led to a policy of revitalisation of the countryside which continues at an increasing pace.

2. The rapid redevelopment of village areas has meant that construction of new dwellings has been a priority, often led by local village/rural communities. The speed of development has sometimes meant that knowledge of how to design for comfort using efficient bioclimatic/passive techniques has not been easily available or utilised. This means there is scope for improving environmental and energy performance whilst retaining value from traditional construction techniques and skills.

3. Although many stakeholders (principally design professionals such as architects and planners, and local village communities and leaders) have been involved in redevelopment, the means to spread information about optimising performance has not existed very widely. This has left a gap in understanding and a lack of connection between different stakeholders; this gap might therefore be dealt with by provision of simplified but specific design guidance across the different groups as suggested in this chapter.

The benefits of this research can support and enhance local prosperity and also offer opportunities to sustain natural and cultural environment in the rural areas.

Current Developments

A number of projects and policies have been developed in China in the last 10 years to help support and understand the best ways to create suitable revitalisation in rural areas, and gradually these are impacting within local governments and institutions. As examples are two guidance documents produced by Yunnan Housing and Town and Country Construction Department and the Rural Planning and Design Institute [3,4].

In the period since 2009 staff from the University of Huddersfield UK have made regular visits to Southwest China and also established numerous contacts based around research interests in culture and history. In the period since 2013 a special emphasis on sustainable architecture was also included and the potential to bring together different aspects of research was recognised with funding support from the AHRC (a government funded Research Council in the UK). This led to the foundation of the Sustainable and Creative Village Research Network for SW China [5] and has resulted in several publications (for example [6] and [7]).

Over this period the research has been founded upon a good level of knowledge and understanding of villages – their culture, buildings, and occupants. Detailed investigations have been carried out in 12 locations, and visits made to many more. The information has been further supported by discussions with local professional such as Planning and Design Institutes, architects, developers, officials and academic researchers, as well as with local village leaders and other occupants.

Features Identified from Research and Visits

The authors have observed rapid development in village areas: dwellings are being reconstructed with modern amenities and features such as those to be found in urban areas. Older style dwellings often made from wood and constructed in relatively basic ways are being replaced by new dwellings constructed from modern materials such as concrete and making use of glazed windows. In this process the authors believe that there is an opportunity to design and construct in alternative ways rather than simply following the standard concrete wall and tiled roof approach.

There are examples in some villages of a third style - a sort of 'hybrid' in which modern methods are used to produce a dwelling which retains a number of the characteristics of the traditional ethnic version. The authors further believe that such alternatives, if developed with appropriate skills and understanding of climate sensitive principles, are valuable as a way to retain the value of traditional craft skills.

The images in Figures 1, 2, and 3 show traditional, new and hybrid design varieties for a small Dai ethnic minority village in the south of Yunnan Province, in the Dai Autonomous Prefecture of Xishuangbanna. Though the style represents local culture and history, the outcomes are replicated in other areas and with other ethnic groups.

In addition to the images in the photographs there is also much evidence from studies of village dwelling design that skills and understanding already exist of some bioclimatic principles. The task for the authors is to blend those skills with additional knowledge to created better optimised constructed outcomes by use of environmental analysis.

Example of traditionally constructed house in Dai ethnic minority village, Xishuangbanna

Example of modern construction materials and methods house in Dai ethnic minority village, Xishuangbanna

Example of 'hybrid' style of house construction in Dai ethnic minority village, Xishuangbanna.

Environmental Analysis

The ways in which architects and other professionals design new dwellings often already shows some understanding of environmental techniques that are linked to the climate. These basic climatic design techniques can also often be found in examples of traditional dwellings. It can be stated therefore that there is the potential to design in more 'climate sensitive' ways but the authors have found that this has not often been carried out in an organised and efficient way because if a lack of suitable guidance. The system which links building design to the climate and to the needs of building occupants is known as 'bioclimatic analysis'.

Climate Consultant

Studies were therefore undertaken using two types of systematic analysis. Initially 'Climate Consultant' software- available to download from a UCLA website [8] which embodies bioclimatic analysis was chosen to provide a broad indication of potential. This was used to estimate the impacts of a range of 'passive' and 'active' design techniques. Generally passive techniques are those which require no additional energy input to operate other than what is freely available from the climate interactions with the building (such as wind driven ventilation through building openings). Active techniques are associated with controlled features that do require external energy input to operate (such as heating or cooling systems added to the building). Passive techniques can often be incorporated into design by an experienced architect or building designer with only a small amount of additional effort if they are aware of the options at a particular location and with particular climate patterns.

In the process of bioclimatic analysis weather data files are incorporated to determine the number of hours in the year that each technique can contribute to comfort of the occupants if it is used correctly. The techniques that can be used are listed below along with their designation as either an 'active' or 'passive' technique.

Weather data are available from a variety of sources though a common option is to use files created for use with EnergyPlus simulation software [9] which are available from an online source [10]; Chinese data is collated through Tsinghua University [11].

① Comfort arising from simple use of weather conditions (Passive)
② Sun shading of windows (Passive)
③ High thermal mass (Passive)
④ High thermal mass with night-time ventilation (Passive)
⑤ Direct evaporative cooling (Active)
⑥ Two-stage evaporative cooling (Active)
⑦ Natural ventilation cooling (Passive)
⑧ Fan-forced ventilation cooling (Active)
⑨ Internal heat gain (Passive)
⑩ Passive solar direct gain low mass (Passive)
⑪ Passive solar direct gain high mass (Passive)
⑫ Wind protection of outdoor space (Passive)
⑬ Humidification only (Active)
⑭ Dehumidification only (Active)
⑮ Cooling add dehumidification if needed (Active)
⑯ Heating add humidification if needed (Active)

The comfort analysis option chosen was that of 'ASHRAE Standard 55 and Current Handbook of Fundamentals'. The comfort level was determined using the predicted mean vote (PMV) technique, and adaptive behaviour of occupants was allowed for in the calculations. In this way the improvements offered by use of each technique can be assessed through calculating the additional number of hours of thermal comfort. In this study only the 'passive' techniques were considered because the aim was to identify simple measures making use of design and construction variations available to skilled designers in the region without requiring additional energy.

Depending upon the climate some techniques are better than others in being able to create comfort /reduce discomfort inside buildings. The analysis is often carried out month by month and results summarised for the year. Detailed results are summarised in the next section however it is also possible to present the annual data visually in a graphical form based upon the Psychrometric Chart. An example is shown in Figure 4 for Mengla town in Yunnan Province.

EnergyPlus

The second more detailed analysis was undertaken using the same weather data but with a more sophisticated piece of public domain

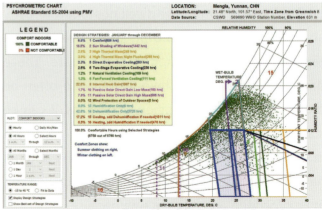

Climate Consultant bioclimatic analysis shown on psychrometric chart for Mengla

software already mentioned above: EnergyPlus. The calculation engine that EnergyPlus represents has been incorporated into a number of other examples of environmental simulation software along with more user-friendly interfaces, but the basic programme without those interfaces can be used efficiently by a skilled technician.

In this second analysis multiple runs of the programme were used to perform parametric comparisons so as to identify optimal combinations from the range of examples investigated. Fifteen locations were used for this stage of analysis spread across SW China: in Chongqing: Shapingba, and Youyang; in Guangxi: Hechi, Longzhou, and Nanning; in Guizhou: Bijie, Guiyang, and Sansui; in Sichuan: Chengdu, Huili, and Songpan; in Yunnan: Deqen; Kunming, Mengla, and Yuanjiang. In total therefore 216 different simulation analyses were performed for each of the 15 locations – 3240 in total.

The building parameters that were used and varied in the parametric studies were as follows:

The main static (unchanging) characteristics/features of the simple building were:

- Key external dimensions: width: 7.8m; depth: 8.1m; 2 floors—floor to floor height 3m; intermediate floor 0.1m concrete;
- Double wood door to front elevation 2.4m high, 1.4m wide;
- Walls: main component thickness (without insulation or cavity) = 0.24m;
- Windows: 1.5m in height; bottom of window 0.9 m above floor; glazing only to front (main) façade and rear façade; variations in window size accommodated by changing the width;
- 2 occupants per floor (1 met activity level); clothing insulation value: 0.7 clo; no other heat gains apart from occupants were incorporated due to the level of complexity.

A series of parametric alternatives were then chosen for other building features:

- Four principal orientations: north, east, south, west;
- Three glazing options (all single glazed):

'low glazing ratio': front window to wall area ratio (WWR) = 0.2, rear WWR = 0.15;

'medium glazing ratio': front WWR = 0.35, rear = 0.25;

'high glazing ratio': front WWR = 0.5, rear WWR = 0.35.

- Three variations in ventilation rate:

0.25 air changes per hour;
0.5 air changes per hour;
1.0 air changes per hour.

Three variations in construction with different thermal impacts:

- 'Heavyweight': load bearing concrete frame with dense brick infill walls plus 0.015m internal plasterboard finish; concrete roof structure 0.1m thick, concrete floor 0.1m.thick;
- 'Lightweight': lightweight concrete block walls plus 0.015m internal plasterboard; concrete roof structure 0.1m thick, concrete floor 0.1m. thick;
- 'Lightweight with Insulation': lightweight concrete block walls with internal insulation of 0.1m; plus 0.015m internal plasterboard; concrete roof structure 0.1m with 0.1m internal insulation, concrete floor 0.1m (no insulation).

Results

Bioclimatic Analysis

The results obtained from use of the Climate Consultant software are summarised. This shows the contribution that can be made from a range of passive design techniques to the improvement in percentage (%) of hours of comfort within a building. These data represent improvements that can be achieved by adjusting design and construction techniques alone and do not required (and in fact avoid) additional energy for heat and cooling systems.

The results for each location are different as they represent the requirements based upon the local climatic conditions. Some overall patterns can be observed:

Internal Heat Gains

Although not often recognised as a design technique, the benefits that are derived from internal heat gains (from people and their activities and from household appliances that are used) makes a very significant contribution. This is because providing overheating can be avoided in summer, the internal heat gains help provide comfort in cooler months, even for locations in what might be considered warm climates. It would also be important to consider how heat can be retained in the building by use of insulation in the construction.

Natural Ventilation Cooling

The second significant design feature is the provision of suitable openings in the building to give controlled natural ventilation. This particularly beneficial for the warmer periods of the year as a means to take away heat from inside the building and also give a sense of improved comfort from greater air movement across th surface of the human body.

Sun Shading of Windows

The third design opportunity which can make contributions to comfort in some locations is the use of shading devices, particularly for windows. These mean that the potential for overheating in hot weather is reduced. The position and location of the shading devices would need to be optimised to get the best benefits.

Passive Solar Heat Gain

The fourth option is the opposite of option 3 – it is the gathering of heat from solar radiation to provide additional warmth in cooler parts of the year. Both direct passive heat gains such as through windows and indirect heat gains, where a part of the building is warmed and transfers the heat to the interior, can produce slightly different benefits. It can be seen that generally locations which could benefit from passive solar heating are different to those which benefit from sun shading.

Other Findings

In some locations some extra benefits can be taken from other passive measures, but these are small by comparison. It can also be seen that the overall total improvement in comfort hours is not simply the addition of each of the separate features but is less – this is because taking one benefit may reduce the value of another.

EnergyPlus Analysis

The analysis of energy and environmental performance was carried out using the software programme EnergyPlus; it was used to calculate the internal conditions within example dwelling designed using the range of parameters previously described. EnergyPlus is a form of dynamic simulation software which uses the properties of the materials and other construction data together with the climate data to calculate internal conditions within the dwelling. It has been widely tested and verified and can therefore be used as a predictive tool for analysis. Of course since the climate data are for an example year they cannot reproduce the exact weather conditions that might exist but they do give a sufficiently robust approximation to be useable for comparisons.

In this study the internal average temperatures in the ground floor and first floor rooms of the buildings were calculated and then compared with defined comfort conditions that occupants might expect to experience. Some variation is allowed to account for adaptation and in this study it was extended further to account for the perceived reactions of occupants in rural areas. The data were then combined from hour by hour analyses to predict the expected number of hours as a percentage that the design could provide comfortable conditions.

The results are summarised in tabulated format showing all 216 results for each of 15 locations, and these are provided in the appendix to this chapter. A number of important points can be drawn from the results which are listed below.

Wall Construction and Thermal Insulation

The results show that in many circumstances the use of thermal insulation in the lightweight wall constructions can produce some benefits. Since thermal insulation is not frequently used in building construction in Southwest China at the present time, this is something which designers might consider for the future. Benefits come not just from reducing heat loss in cooler periods but also from reducing heat gains in some warmer periods.

Air Flow and Ventilation

In many but not all situations there are benefits from controlling air flow in the building – more airtight constructions often performing better than leaky alternatives.

Window/Glazing Area and Orientation

Variations in performance associated with changes to the glazing area are quite complicated to interpret in any general way and require the user to examine variations in conjunction with consideration of main orientation. This is not to say the variation is inconsequential, but rather it needs intelligent interpretation related to the actual site and climate.

Ground or First Floor

There are differences in performance between ground floor areas and first floor areas. This can have significant implications for overall comfort – for instance in certain climates it may be better to have main living spaces on the ground floor and in other climates better to make more use of the upper first floor. It might also be useful to consider that at different times of the year the ground floor may be preferable whilst the first floor may be preferred at other times. The level of data analysis in the appendix does not allow that level of analysis at the moment though it can be considered at a later date.

Site Location Recommendations

Shapingba, Chongqing: average comfort hours 24.2% (range 21.1%~28.7%). Lightweight construction with insulation gives a benefit of about 2%. Glazing ratio has little impact though low glazing ratio is the best by a small amount. North and South orientations slightly better than East and West. Ground floor location is better than first floor by about 2%. Medium air change rate is best by a small amount.

Youyang, Chongqing: average comfort hours 26.2% (range 22.3%~31.3%). Lightweight construction with insulation gives a benefit of about 2%. Glazing ratio has little impact though low glazing ratio is the best by a small amount. North and South orientations slightly better than East and West. Ground floor location is better than first floor by about 3%. Medium air change rate is best.

Hechi, Guangxi: average comfort hours 21.0% (range 18.5%~25.2%). Lightweight construction with insulation gives a benefit of about 2%. Glazing ratio has little impact. North and South orientations slightly better than East and West by about 0.7%. Ground floor location is better than first floor by about 1%. Medium air change rate is best.

Longzhou, Guangxi: average comfort hours 25.0% (range 21.0%~31.4%). Lightweight construction with insulation gives a benefit of about 4%. Glazing ratio has little impact though low glazing ratio is the best by a small amount. North and South orientations slightly better than East and West. Ground floor location is better than first floor by 0.5%. Low to medium air change rate is best.

Nanning, Guangxi: average comfort hours 26.4% (range 21.1%~34.2%). Lightweight construction with insulation gives a benefit of about 6%. Glazing ratio has little impact. Main orientation makes little difference. Ground floor location has similar outcomes to the first floor. Low and medium air change rate is best by about 2.5%.

Bijie, Guizhou: average comfort hours 28.1% (range 21.8%~39.4%). Lightweight construction with insulation gives a benefit of about 7%. Glazing ratio has little impact. North and South orientations slightly better than East and West. Ground floor location is better than first floor by about 2%.

Medium air change rate is best by a small amount.

Guiyang, Guizhou: average comfort hours 30.7% (range 24.6%~41.4%). Lightweight construction with insulation gives a benefit of about 5%. Glazing ratio has little impact though low glazing ratio is the best by about 1%. North and South orientations slightly better than East and West by about 1.5%. Ground floor location is better than first floor by about 5%. Medium air change rate is best by about 1%.

Sansui, Guizhou: average comfort hours 26.2% (range 22.4%~33.4%). Lightweight construction with insulation gives a benefit of about 3%. Glazing ratio has little impact though low glazing ratio is the best by a small amount. North and South orientations slightly better than East and West. Ground floor location is better than first floor by about 3%. Medium air change rate is best.

Chengdu, Sichuan: average comfort hours 28.2% (range 23.2%~35.4%). Lightweight construction with insulation gives a benefit of about 6%. Glazing ratio has little impact though. Main orientation has little impact. Ground floor location is better than first floor by about 2%. Medium air change rate is best by a small amount.

Huili, Sichuan: average comfort hours 43.7% (range 19.9%~65.6%). Lightweight construction with insulation gives a benefit of about 12%. Glazing ratio has little impact. North and South orientations slightly better than East and West by about 1%. Optimum floor location varies according to a range of factors. Low to medium air change rate is best by a small amount.

Deqen, Yunnan: average comfort hours 4.5% (range 0%~20.7%). Lightweight construction with insulation gives a small benefit of about 1%. Glazing ratio has little impact though high glazing ratio is the best by a small amount. East and West orientations slightly better than North and South. First floor location is better than ground floor by about 6%. Low air change rate is best.

Kunming, Yunnan: average comfort hours 42.7% (range 28.4%~64.6%). Lightweight construction with insulation gives a benefit of about 10%. Glazing ratio has little impact. South orientation is slightly better than others by about 1.5%. Ground floor location is better than first floor for two wall constructions, but not the best design of lightweight with insulation. Low air change rate is best by about 1.5%.

Yuanjiang, Yunnan: average comfort hours 27.6% (range 13.8%~36.3%). Heavyweight construction provides a marginal benefit of about 1%. Low glazing ratio is the best by about 1.5%. North orientation slightly better than others by a small amount. Ground floor location is better than first floor by about 5%. High air change rate is best by about 1.5%.

Summary

The real value in undertaking and publishing the results of the parametric study comes from the production of parametric/comparable analysis for a range of bioclimatic design techniques in the context of SW China. The authors are not aware of such a comparison involving this range of parametric options (216 variations for the detailed study of 15 locations) and 46 locations for the more general bioclimatic study.

The tables of information have been designed to be used to provide stakeholders including design and construction professionals as well as residents and community leaders with an initial way of comparing options. Ideally the method can be used for a specific location (village or town) providing the climate data can be found or estimated from a recognised source.

Although in some locations the variation created by certain parameters is relatively small, in others it is very significant and could represent a large variation in comfort level or if heating and cooling systems were used, a large variation in energy consumption/costs. There are therefore incentives to optimise design performance.

A further impact could be the encouragement for users/designers/clients to request buildings that use the best combinations of bioclimatic parameters and design in order to improve performance in the future for new or renovated dwellings. Some of the passive design technologies could also provide a suitable source of employment for local workers.

Acknowledgements

The authors would like to acknowledge the support and help provided by the following Universities: Chongqing Jiaotong University; Yunnan Arts University; Guizhou Minzu University; Guangxi Arts University; Kunming University of Science and Technology; Beijing University of Technology; Xi'an Jiaotong Liverpool University; the Chinese University of Hong Kong. The help of research student Vinh Le Tien, at the University of Huddersfield, in use of the Climate Consultant and EnergyPlus Software is also gratefully acknowledged.

References

[1] Government of the People's Republic of China. Rural Development, Building a New Socialist Countryside, Special Report. 2012. Available online: http://www.gov.cn/english/special/rd_index.htm (accessed on 28 October 2018).

[2] The Central Committee of the Communist Party of China. Village Revitalization Strategic Plan (2018-2022). Available online: https://mp.weixin.qq.com/s/Wi3IAkpDU2BeyFugY7B0SQ (accessed on 22 October 2018).

[3] Yunnan Housing and Town and Country Construction Department and Yunnan Urban and Rural Planning and Design Institute. Technical Guidelines for the Renovating Rural Settlements in Yunnan Province; Yunnan Housing and Town and Country Construction Department and Yunnan Urban and Rural Planning and Design Institute: Kunming, China, 2018.

[4] Yunnan Housing and Town and Country Construction Department and Yunnan Urban and Rural Planning and Design Institute. Guidebook for Improving and Renovating Vernacular Houses' Styles and Features in Yunnan Province; Yunnan Housing and Town and Country Construction Department and Yunnan Urban and Rural Planning and Design Institute: Kunming, China, 2018.

[5] UKRI. Sustainable and Creative Village Research Network SW China. Available online https://gtr.ukri.org/projects?ref=AH%2FR004129%2F1 (accessed on 8 July 2019).

[6] Gao, Y. Top-Down and Bottom-Up Processes for Rural Development and the Role of Architects in Yunnan, China. Buildings 2016, 6, 47, doi:10.3390/buildings6040047.

[7] Pitts, A. Establishing Priorities for Sustainable Environmental Design in the Rural Villages of Yunnan, China. Buildings 2016, 6, 32, doi:10.3390/buildings60300032.

[8] UCLA. Energy Design Tools. Available online: http://www.energy-design-tools.aud.ucla.edu/ (accessed on 8 July 2019).

[9] EnergyPlus simulation software. Available online: https://energyplus.net/ (accessed 10 November 2019).

[10] EnergyPlus. Weather Data. Available online: https://energyplus.net/weather (accessed on 21 July 2019).

[11] China Meteorological Bureau, Climate Information Center, Climate Data Office and Tsinghua University, Department of Building Science and Technology. China Standard Weather Data for Analyzing Building Thermal Conditions; China Building Industry Publishing House: Beijing, China, April 2005; ISBN 7-112-07273-3 (13228).

基于群体归属感的小城镇建设调查研究——以重庆市为例

An Investigation on the Construction of Small Towns Based on the Sense of Group Belonging——A Case Study of Chongqing

作　　者：董莉莉（重庆交通大学）王　维（重庆交通大学）苟寒梅（重庆建筑工程职业学院）

基金论文：该文为重庆市社会事业与民生保障科技创新专项重点研发项目"重庆美丽乡村公共设施功能完善规划设计研究与示范"（项目编号cstc2017shms-zdyfX0026）、重庆交通大学研究生教育创新基金项目"西南地区特色小镇培育与城乡联动耦合机制研究"（项目编号2017S0106）资助论文之一

摘要

推进小城镇建设是加快城镇化进程的重要举措，而城镇化的核心是人的城镇化，即居民群体归属感的培育与发展是影响小城镇建设可持续发展的重要因素。因此，通过问卷调查和实地访谈的方式，从总体上获得重庆市典型小城镇居民群体归属感的状况，然后利用spss统计分析了影响社区归属感的相关因素，进而了解在不同年龄、受教育程度和职业的条件下居民群体归属感的差异，以及对邻里关系、组织建设、文化建设、群众参与度、群众满意度等五个主要影响群体归属感强度的自变量因素进行分析。最终根据实地调查的结果，为增进小城镇居民群体归属感提供合理的对策与建议，从而为国家制定的小城镇规划建设政策提供有效依据与支撑。

关键词：群体归属感；小城镇建设；调查研究

中图分类号：TU984.2　文献标志码：B　文章编号

0. 引言

小城镇是一种正在从乡村性的社会向着多种产业并存的现代城市转变中的过渡性社区，它位于城乡之间，地位特殊[1]。城镇化是现代化的必由之路，是破除城乡二元结构的重要依托，既是推动经济社会发展的重要引擎，也是统筹城乡发展的战略举措。小城镇正是这其中带动农村、连接城市的纽带，是未来城镇化发展的最大潜力。

因此，为了深入推进新型城镇化建设，中国中央、国务院印发了《国家新型城镇化规划（2014—2020年）》，强调城镇化发展应以"人的城镇化"为核心，合理引导人口流动，有序推进农业转移人口市民化，稳步推进城镇基本公共服务常住人口全覆盖，不断提高人口素质，促进人的全面发展和社会公平正义，使全体居民共享现代化建设成果[2]。然而，在我国城镇化的进程中，通常把小城镇的建设主要看作是一种社会经济现象，往往忽视了居民群体的精神建设，从而不能形成小城镇人口的集聚，并最终阻碍了小城镇的有效社会进步。群体归属感是个体自觉地归属于所参加群体的一种情感，是群体存在和发展的重要因素。小城镇居民群体归属感的建立能够在保障社会和谐稳定的同时，充分发挥主动"引人"和"留人"的作用，促进新型城镇化建设。[3]本次研究选取重庆市不同类型的小城镇作为研究对象，利用问卷调查、个别访谈、参与式观察等方法，针对小城镇的居民群体归属感建立进行梳理与分析，旨在寻找出提升小城镇内聚力，引导小城镇建设健康可持续发展的合理路径。

1. 研究实施基本情况

1.1 问卷设计

群体归属感无法直接观察，而是通过人们日常生活的看法、行为、态度表现出来，想要对它们进行直接量化很难[4]。本次研究的目的是探究小城镇居民群体归属感的现状及其影响因素，因此问卷法是一种较好的方法，它能通过一组问题反映人们对于群体的认同度以及行为倾向程度，进而对居民的群体归属感进行测量。

群体归属感是群体凝聚力的源泉和重要组成部分，也是群体整合性与稳定性的重要测度标准。其强弱程度主要体现在群体成员对自己群体身份的认同度、群体成员对群体目标和群体价值规范的认同接纳度以及群体成员与其他成员的交往关联密切度等方面，其中最基本也是最显著与最主要的表现在于群体成员对其群体身份的认同、喜爱、依恋及满意程度。

居民群体归属感的影响因素在不同国家、不同地区

并不是完全相同的，依据前期研究的归纳总结，可以先从年龄、居住年限、受教育程度和职业四个维度来了解居民的基本情况，再将影响居民群体归属感的自变量因素划分为邻里关系、组织建设、文化建设、群众参与度、群众满意度五个方面[5]，最终确定相应的问卷设计。

1.2 问卷的信效度

1.2.1 问卷的信度

信度是检验问卷数据一致性或稳定性的程度，反映了各个题目是否测量了相同的内容或特质。因此，在对数据进行信度检验时，采用了内部一致性的方法，以克朗巴哈的 α 系数为标准[6]，通过 SPSS22.0 得出信度的检验结果（见表 1）。

表 1 可靠性统计资料

Cronbach 的 Alpha	项目个数
0.874	25

通过表 1 可知：克朗巴哈的 α 系数为 0.874，高于 0.8（大多数文献中采用 0.8 为标准来进行信度的检验），说明问卷中的各个题项之间具有较高的内在一致性，符合要求。

1.2.2 问卷的效度

效度主要用于衡量测量的正确性，主要包括内容效度和结构效度。内容效度主要反映的是量表中各项内容符合主题的程度[7]。本次问卷借鉴以往的研究和调查，并针对小城镇居民这一研究对象加以修改，且经过了预调查阶段，所以问卷涉及的各项内容均符合要求。

结构效度用于检验所调查到的数据是否能够度量出想要度量的变量。本次调查采用 KMO 样本充分性测度和巴特利特球形检验来判断是否适合做因子分析，并在 SPSS 中对量表的各变量进行 KMO 值和 Bartlett 球形检验（见表 2）。

从表 2 可知，问卷的 KMO 值为 0.760 > 0.7，说明小城镇居民群体归属感各维度间测量项的相关性较强，巴特利特球形检验值为 0.000，小于 0.01，达到显著性水平，因此适合做因子分析。

然后运用主成分分析法提取公因子，采用最大方差法对因子进行旋转，经过 10 次迭代后收敛。

从表 3、表 4 中可知，旋转后抽取了特征值大于 1 的 5 个公因子，累计方差贡献率为 61.775%，并且问卷

表 2 KMO 值与 Bartlett 球形检验

Kaiser-Meyer-Olkin 测量取样适当性		0.760
Bartlett 的球形检验	大约 卡方	424.565
	df	136
	显著性	0.000

表 3 解释的总方差

元件	起始特征值			提取平方和载入		
	总计	方差的百分比/%	累加百分比/%	总计	方差的百分比/%	累加百分比/%
1	4.038	28.697	28.697	4.038	28.697	28.697
2	2.497	14.552	43.249	2.497	14.552	43.249
3	1.658	9.697	52.946	1.658	9.697	52.946
4	1.407	7.119	60.065	1.407	7.119	60.065
5	1.279	6.518	66.583	1.279	6.518	66.583
6	0.984	5.776	72.359			
7	0.861	4.427	76.786			
8	0.789	3.615	80.401			
9	0.695	3.107	83.508			
10	0.617	2.776	86.284			
11	0.568	2.432	88.716			
12	0.423	2.019	90.735			
13	0.383	1.737	92.472			
14	0.259	1.505	93.977			
15	0.208	1.251	95.228			
16	0.153	1.035	96.263			
17	0.114	0.816	97.079			
18	0.092	0.729	97.808			
19	0.078	0.603	98.411			
20	0.064	0.422	98.833			
21	0.045	0.347	99.18			
22	0.037	0.296	99.476			
23	0.029	0.205	99.681			
24	0.021	0.184	99.865			
25	0.017	0.135	100			

中的各项在各个公因子上的载荷值均大于 0.5。统计结果表明，问卷划分结构与检验结果一致，因此，25 项指标均被保留。

综上所述，本次问卷的构建通过了信度和效度检验。

1.3 研究实施地点

本次研究依托住房城乡建设部村镇建设司的全国小城镇详细调查工作，选择全国统筹城乡综合配套改革试验区的重庆市作为研究地点。重庆市是大城市、大农村、大库区、大山区和贫困集中地区并存且二元结构明显的直辖市，小城镇星罗棋布于大农村中；并且重庆地区地形条件复杂，是典型的高密度山地城市，在小城镇建设中具有复杂性[8]。因此，这一研究地点具有代表性。

本次研究选取了具有地域文化优势的合川区古楼镇、秀山县洪安镇、酉阳县龚滩镇，具有现代制造业与农业优势的璧山区河边镇、丰都县双路镇、铜梁区水口镇，具有工业优势的南川区南平镇、万州区天城镇、巫溪县

表 4 旋转元件矩阵

	元件				
	1	2	3	4	5
您与住区周围的邻居是否能够和睦相处？			0.788		
您的邻居中有多少是你的朋友？			0.631		
您是否了解社区（村）居委会的工作职能？	0.801				
您与您所在的小城镇社区（村）居委会交往的频率？	0.679				
您在遇到困难时，是否会在第一时间寻求（村）居委会的帮助？	0.746				
您是否参加过村镇干部选举？		0.555			
您是否参与了解过政府财政透明度？		0.852			
您是否参加过社区环保志愿活动？		0.760			
您认识多少住区周围的邻居？			0.596		
您多久去一次社区图书馆等文化场所阅读书刊报纸？					0.827
您认为您所在的城镇是否该有文化特色？					0.717
您认为小城镇是否有举办文化活动的必要？					0.664
您是否参与过社区举办的教育文化活动？	0.711				
请您对所在小城镇的产业发展进行评价				0.856	
请您对所在小城镇的就业机会进行评价				-0.579	
请您对所在小城镇的公共服务进行评价				0.789	
请您对所在小城镇的住房条件进行评价				0.552	
请您对所在小城镇的基础设施进行评价				0.519	
请您对所在小城镇的自然生态进行评价				0.846	
请您对所在小城镇的邻里氛围进行评价				-0.525	
请您对所在小城镇的交通出行进行评价				0.812	
请您对所在小城镇的城镇风貌进行评价				0.594	
请你对所在小城镇的总体发展进行评价				0.608	

图 1 研究实施地点

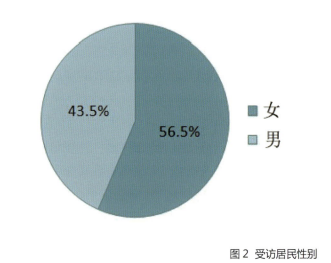

图 2 受访居民性别

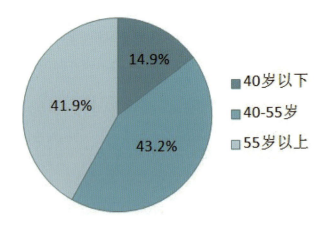

图 3 受访居民年龄

白鹿镇，具有乡村旅游优势的黔江区小南海镇、武隆县仙女山镇、江津区四面山镇作为具体地点（见图1），四种不同类型的十二个小城镇各具特色，并体现了类型的普遍性与多样性。

选取各地居民为主要调查对象，通过随机抽选的方式，对居民进行问卷调查。总共发放问卷1200份，有效问卷1093份，有效率为91.08%，被调查者中女性占56.5%，男性占43.5%（见图2）；40岁以下的占14.9%，40至55岁的占43.2%，55岁以上的占41.9%（见图3）。在受教育程度方面，小学及以下的人数占总体的47%，初中的占35.7%，高中的占10.3%，大学（包括大专）的占7%（见图4）。在职业方面，机关事业单位上班的占7.9%，企业上班的占11.3%，经商（做生意）的占16.7%，非企业务工（或打零工）的占33.6%，务农的占11.2%，学生占4%，无业人员占5.6%，退休的占5%，其他占4.7%（见图5）。从样本整体情况来看，调查对象的年龄、受教育程度、职业等都基本符合重庆市小城镇居民的总体情况，所以此样本具有一定程度的代表性。

2. 小城镇建设调研分析

2.1 小城镇居民群体归属感状况

小城镇居民群体归属感是指居民思想心理上产生的

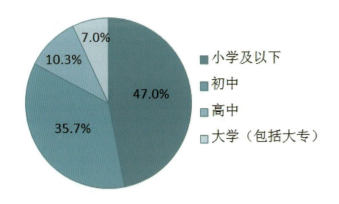

图4 受访居民受教育程度

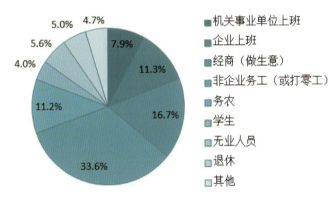

图5 受访居民职业

所居住城镇的认同、满意和依恋程度。在问题"您对您所在的城镇有群体归属感吗？"的选项中，有23.3%的居民选择了"有"，有44.5%的居民选择了"没有"，还有32.2%的居民选择了"不知道"（见图6）。数据表明，被调查的小城镇中其居民群体归属感缺失率较高。但由于小城镇中每个居民的情况不尽相同，使得他们在群体归属感的感知上也具有明显差异。

在表示具有群体归属感的居民中：18岁以下的

图6 受访居民群体归属感的感知度

占6.5%，18至30岁的占8.3%，31至45岁的占24.8%，46至60岁以上的占40.2%，60岁以上的占20.2%（见图7）；文化程度为小学及以下的居民占36.4%，初中的占30.7%，高中的占24.2%，大学（包括大专）的占8.7%（见图8）；在机关事业单位上班的

占22.6%，企业上班的占16.8%，经商（做生意）的占19.1%，打零工的占4.6%，务农的占18.2%，学生占3.1%，无业人员占4.7%，退休人员及其他占10.9%（见图9）。

将所有的统计数据先经通过Excel输入，再运用SPSS 22.0进行年龄、受教育程度与群体归属感感知度强度的相关性分析以及职业与群体归属感感知度强度的差异性分析，可以得到三个方面的结论：第一，从年龄来看，随着居民年龄的增长，其群体归属感感知度越强。但是60岁以上的居民可能由于对"归属感"的意义理解不明，其群体归属感有所下降。另外kendall的tau_b系数为0.167，说明居民的年龄与群体归属感呈现正向相关关系，相关度为0.167（见表5）。第二，从受教育程度来看，随着居民受教育程度的提高，其归属感逐渐降低，同时随着受教育程度的提高，人口基数逐渐减少，

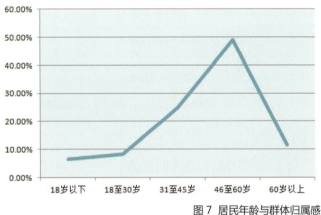

图7 居民年龄与群体归属感

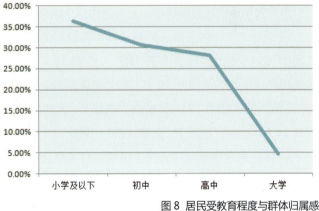

图8 居民受教育程度与群体归属感

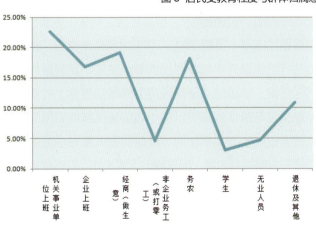

图9 居民职业与群体归属感

所以递减程度不大（见表6）。第三，从职业来看，不同职业的居民群体归属感感知度存在差异（$\chi2$=42.287，df=16，p=0.00＜0.05）（见表7），工作生活较稳定的群体归属感远远高于其他群体，而学生、无业人员以及非企业务工人员等对未来生活预见性较低的群体归属感较低。

表5 Kendall 的 tau_b 相关系数检验 1

			年龄	你对你所在的小城镇有群体归属感吗？
Kendall 的 tau_b	年龄	相关系数 显著性（双尾） N	1.000 . 1093	0.167** 0.000 100
	你对你所在的小城镇有群体归属感吗？	相关系数 显著性（双尾） N	0.167** 0.000 1093	1.000 . 1093

表6 Kendall 的 tau_b 相关系数检验 2

			受教育程度	你对你所在的小城镇有群体归属感吗？
Kendall 的 tau_b	受教育程度	相关系数 显著性（双尾） N	1.000 . 1093	-0.086** 0.000 1093
	你对你所在的小城镇有群体归属感吗？	相关系数 显著性（双尾） N	-0.086** 0.000 1093	1.000 . 1093

表7 卡方测试

	数值	df	渐进显著性（2端）
皮尔森(Pearson) 卡方 有效观察值个数	42.287a 1093	16	0.000

2.2 邻里关系与群体归属感

邻里关系影响着小城镇居民与其住所附近邻里所发生的互动，即小城镇中个体与群体其他成员之间的关联，同时也会对小城镇社区的建设和发展产生极大的影响[9]。

在问卷"您与住区附近的邻居能否和睦相处？"的选项中，84.6%的居民选择了"能"，仅有15.4%的居民选择了"不能"（见图10）；在"您认识多少住区附近的邻居"的选项中，71.5%的居民选择了"大都认识"，还有14.6%的居民选择了"全都认识"（见图11）；并且，有73.7%的居民表示，在邻居之中他们有3个及3个以上的朋友（见图12）。

因此，小城镇居民的邻里关系满意度整体较高。与大城市相比，小城镇虽小，但是居民之间交往更加密切，关系更加深厚（见图13）。邻里之间经常交流、相互帮助的行为能提升小城镇居民的邻里关系，增进居民之间的信任度、依赖感，使居民得到群体归属感上的满足。但是通过与整体调查显示的小城镇居民群体归属感感知度普遍较低的结果相比对，证明邻里关系对小城镇居民群体归属感虽有影响，但与其他因素相比，影响度较低。

2.3 组织建设与群体归属感

基层群众自治组织在小城镇建设中具有重要地位和作用，社区（村）居民委员会能够加强党和政府与群众

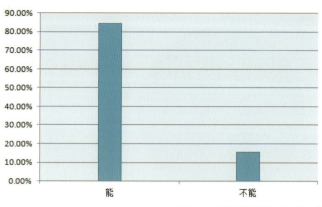

图10 与周围邻居能否和睦相处

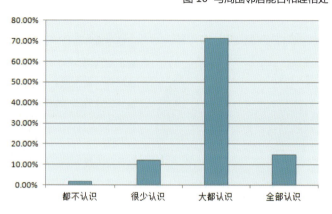

图11 认识多少住区附近的邻居

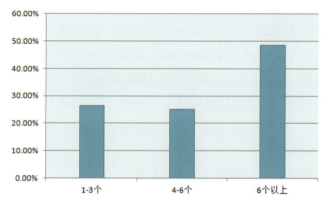

图12 邻居中的朋友数量

图13 小城镇居民之间交往密切

的联系，社区（村）居民委员会的建设在于为小城镇居民排忧解难，实现政府为居民的服务功能[10]。

在访谈中，49.3%的居民认为自己对居委会的工作

职能并不是很了解，甚至还有 30.3% 的居民认为并不了解居委会的工作职能（见图 14）；在问及居民和居委会来往的密切程度时，16.3% 的居民表示从来没有和居委会有过来往，40.9% 的居民表示偶尔和居委会有来往，27.6% 的居民表示较常和居委会来往，还有 15.2% 的居民表示经常和居委会来往（见图 15）；在遇到困难时，40.2% 的居民并没有选择向社区（村）居委会或者政府求助，还有 32.1% 的居民并不知道自己是否会求助于居委会或政府（见图 16）。

调查数据说明社区（村）居委会与居民之间沟通较少，居民对基层组织的信任不足。从侧面反映了小城镇基层组织建设定位不准，导致了其服务功能的缺失，降低了服务质量，没有实现小城镇社区（村）居委会建立的最终目的。居民在生活中缺乏来自政府和组织的关心，使得其群体归属感较低。

2.4 文化建设与群体归属感

小城镇文化是一个地区地域历史传统、自然环境、精神状态、生产生活方式、民俗风情、建筑风格等多方面因素的综合体现，是小城镇最具魅力的特色和灵魂[11]。文化特色作为地方文化精神的历史见证和社会演变的活物体现，不仅可以增强当地居民的自豪感和认同感，同时可以增强其群体归属感。

问卷中设置问题"您多久去一次社区图书馆等文化场所阅读报刊书籍"，40.6% 的居民表示从没去过社区图书馆，33.3% 的居民表示偶尔去，18.1% 的居民表示较常去，只有 8% 的居民经常去（见图 17）；而且，绝大部分的居民对城镇举办文化活动的必要性和城镇发展是否应该具有文化特色持无所谓的态度，分别占到了 52.7% 和 42.3%（见图 18）。

小城镇居民作为城镇文化的保护者和传承者，理应对本土文化有较高的认知。然而，调查显示，居民对文化建设的需求并不明显。这说明，小城镇居民的整体文化素养并没有达到较高水准，他们对地域特色文化理解的不足，与基层组织宣传不到位也有一定关系。居民普遍缺乏城镇文化的共建意识，是群体归属感缺失的重要原因之一。

2.5 群众参与度与群体归属感

居民的参与意识来源于其对小城镇的认同度和归属感，同时，参与度也会反过来影响居民的群体归属感。居民对小城镇的喜爱、满意度越高，则其对小城镇的认同度越高、归属感越强、依恋度越大，就会更加积极地投身到小城镇建设中[12]。

居民在小城镇中的参与状况可以分为政治参与（村镇干部选举）、经济参与（政府财政透明度）、文化参与（教育文化活动）、社会参与（环保志愿活动）四个方面。调查显示，小城镇居民的政治参与明显多于经济、文化与社会参与，但群众参与度整体较低，调查对象中 93.7% 的居民表示从没了解过政府财务收支状况，78.2% 的居民没有参加过举办的教育文化活动，还有 76.8% 的居民表示没有参加过环保活动（见图 19）。

2.6 群众满意度与群体归属感

调查问卷从小城镇居民生活经历出发，让居民采用五分制对自己所居住城镇的生活、服务、经济发展相关方面的满意度进行评价，主要包括：产业发展、就业机会、公共服务、住房条件、基础设施、自然生态、邻里氛围、交通出行、城镇风貌等方面（见表 8）。

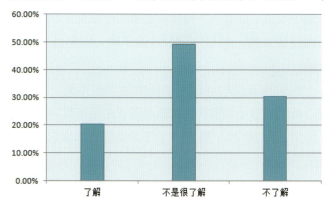

图 14 居民对社区（村）居委会职能了解情况

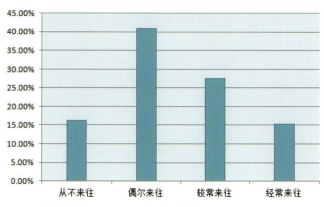

图 15 受访居民和社区（村）居委会来往情况

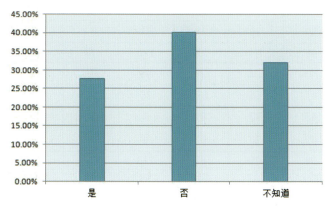

图 16 居民遇到困难时是否会向居委会求助

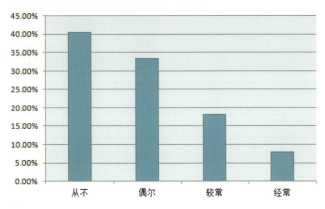

图17 受访居民去社区图书馆的频率

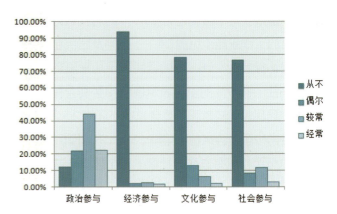

图19 群众参与度

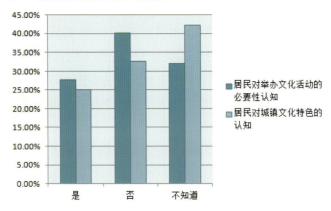

图18 受访居民对城镇文化发展的认知

对小城镇的评分在某些方面有相应的差异：具有地域文化优势的小城镇在产业发展和就业机会两个方面的居民评分较低，具有现代农业与制造业优势和具有工业优势的小城镇在自然生态和城镇风貌上得分明显低于其他类型的小城镇，而具有乡村旅游优势的小城镇在交通出行方面略显劣势。但总体评价普遍不高，即群众满意度一般。

评价所涉及的问题与居民生活息息相关，因此，可以看出许多小城镇居民对自己现状生活不是特别满意（见图20、图21、图22），于是造成了群体归属感普遍低下。

调查数据显示，不同类型的小城镇在建设过程中面临的困难不同，导致了四个不同类型的小城镇的居民，

表8 小城镇群众满意度调查统计（单位：人次）

评价项		总体评价	产业发展	就业机会	公共服务	住房条件	基础设施	自然生态	邻里氛围	交通出行	城镇风貌
具有地域文化优势的小城镇	5分	13	0	0	17	22	19	53	78	36	33
	4分	31	17	24	48	39	64	61	144	52	67
	3分	139	42	38	122	116	91	131	43	126	98
	2分	72	178	194	65	55	86	20	7	43	52
	1分	17	35	16	20	40	12	7	0	15	22
具有现代农业与制造业优势的小城镇	5分	21	43	37	28	23	30	0	68	41	26
	4分	37	92	114	52	36	54	13	126	62	59
	3分	121	69	72	103	128	116	38	37	110	87
	2分	59	45	29	59	41	58	152	21	32	78
	1分	29	18	15	25	39	19	64	15	22	17
具有工业优势的小城镇	5分	18	51	49	20	19	29	0	71	67	21
	4分	26	107	103	56	48	44	9	120	77	42
	3分	151	78	89	131	119	110	29	48	103	99
	2分	64	37	29	58	47	61	162	35	20	83
	1分	22	8	11	16	48	37	81	7	14	36
具有乡村旅游优势的小城镇	5分	27	31	29	16	39	30	67	60	3	44
	4分	47	77	85	33	56	45	82	129	29	60
	3分	126	111	107	142	122	117	103	59	88	106
	2分	59	32	25	56	31	42	18	20	103	33
	1分	14	22	27	26	26	39	3	6	50	30

图20 街道空旷，基础设施不足

图21 城镇风貌缺乏特色

图22 多数小城镇企业零散，规模较小

3. 结论与未来发展建议

　　小城镇居民的群体归属感较低，情况不容乐观。群体归属感受多方面因素的影响：从邻里关系来看，情况较为理想，邻里关系和睦有助于小城镇居民群体归属感的提升，但影响程度较低；从组织建设来看，基层组织公共服务与居民需求出现脱节，导致居民群体归属感严重缺失，其服务水平需进一步加强；从文化建设来看，由于小城镇居民整体文化素质较低，并且基层政府与组织宣传力度较小，导致居民地域文化意识淡漠，无法在保护和宣传本土文化的过程中，获得群体归属感，应增强居民文化意识，提升城镇文化内涵，打造城镇特色文化；小城镇居民的参与度和满意度也是影响居民群体归属感的重要因素，因此，应把居民作为城镇建设和发展的主体，使居民真正成为小城镇的主人。

参考文献

[1] 李洪涛．新型城镇化进程中的小城镇规划建设管理研究[D]．华中师范大学，2014．

[2] 任映红，奚从清．推进以人为核心的城镇化：核心要义和现实路径——《国家新型城镇化规划（2014—2020年）》中以人为本的深刻意蕴[J]．温州大学学报（社会科学版），2016，29(2)：4-12．

[3] 李水根．新小城镇居民社区归属感研究[D]．华东师范大学，2013．

[4] 刘霁雯．居民社区归属感初探——对常青花园社区居民的调查[J]．武汉纺织大学学报，2005，18(4)：93-95．

[5] 凡璐．小城镇居民社区归属感研究——以泰兴市黄桥镇400名居民为研究对象[D]．苏州大学，2013．

[6] 刘全，刘汀．关于调查问卷内部一致性信度的评价与研究[J]．中国统计，2010(9)：49-51．

[7] 李灿，辛玲．调查问卷的信度与效度的评价方法研究[J]．中国卫生统计，2008，25(5)：541-544．

[8] 张焕英．城乡统筹发展背景下的重庆市农村劳动力转移研究[D]．西南大学，2011．

[9] 奇恒，王绪朗．从城镇农民家庭的邻里关系论城镇社区整合[J]．华中农业大学学报（社会科学版），1999(1)：36-40．

[10] 林振义．充分发挥基层组织的社会管理作用[J]．前线，2011(3)：18-19．

[11] 程琼．小城镇文化建设研究[D]．湖北工业大学，2012．

[12] 杜宗斌，苏勤．社区归属感对乡村旅游地居民社区参与的影响——以浙江安吉为例[J]．旅游科学，2013，27(3)：61-71．

西南民族聚落环境气候适应机制研究

Research on the Climate Adaption Mechanism of Ethnic Settlements in Southwest China

作　　者：郑天昕　夏桂林　温泉
作者单位：重庆交通大学
项目编号：2018BG04111
基金项目：国家社科基金项目"西南氐羌族系建筑营建文化传承研究"

内文

当代人类聚居环境以自然界环境、农林环境和生活环境三者为存在基础，其中包含着空间环境、各类资源、生态循环等维持人类基本生存的要素，作为聚居环境存在的必要前提[1]。西南地区由于自然生态环境的复杂性、社会经济发展的不平衡、民族构成的差异、经济生活方式的多样性，致使西南民族聚落在聚落形态、住居形态与技术体系上呈现出不同的特征。

在对气候环境的应对与适应方面，这些聚落或通过被动的环境观适应应对，或主动地通过资源的适度索取和生存智慧以改造环境以谋求舒适的生活环境，这些都展现出应对环境气候的不同发展阶段。寻求西南民族聚落对地域环境特别是气候环境适应的发展规律，对保护与维系民族聚落生活环境，推动西南地区民族聚落人居环境建设有着重要的借鉴意义。

1. 聚落环境的被动适应

西南地区一些高海拔地区，由于生活环境的相对封闭，至今还存在着以农耕游牧为生计的原生聚落。这些聚落在聚落形态上以风水选址、顺应地形、自然聚合等形式存在；住居形态上通过功能空间的复合化、低舒适度的生活，以及地方材料和低技术的利用等方式，形成原生的地区营建体系。

传统聚落追求"人之居处，宜以大地山河为主"（《阳宅十书》）和"以山水为血脉，以草木为毛发，以烟云为神"[2]，在此基础上通过数代的经验积累形成了朴素的环境观。聚落的营建强调山水协调、阴阳相合，虽带有自然崇拜的神秘内容，但却有基于气候环境进行被动适应的科学道理。聚落择向时一般选择坐北朝南，或坐西北朝东南，可以遮挡冬季寒流，夏季迎接湿润海风，南朝向可以保证接收更多的光照；同时，聚落北面一般会有风水林，也可以遮挡西北季风。聚落群体朝向应有利于冬季阳光的引进，避免夏季日照[3]。山体作为聚落存在的基础应选择环境较佳的场所作为依托，水可以吸收微波能量，对太阳上射来的光线进行反射和折射，从而降低对聚落的不利影响。山水环境是聚落选址时的要素，高山作为依托，水低绕山而过；这就形成了山地聚落的小气候模式。由于山体多由岩石和泥土构成，比热容相对水较小，因此在白天太阳照射的情况下山体温度升高较快，造成山上温度高河流附近温度低的情况，由此产生气压差，山上温度高热空气上升形成低气压区，水面温度低形成高气压区，空气由高气压区流向低气压区，就产生河流吹向山坡的湿润风；夜晚时，山坡温度下降快产生高气压区，水面温度下降慢产生低气压区，这时风向为山坡吹向河面，由此产生水陆风；水陆风的产生可改变环境温度，提高舒适度。为适应环境人们利用当地的自然资源进行聚落的营建，云南城子村为彝族村落，整个村子为土掌房，人们利用土料、木材进行建造房屋；通过研究表明，土掌房聚落的选址是综合考虑了气候、地形、水源、农牧等各方面的因素而确立的。彝族居民一般会选择向阳、开阔、凉爽的半山腰地段建寨，形成良好的小气候环境，有效地利用了自然能源[4]。土掌房在炎炎夏日可以遮挡强烈的阳光，冬季可以抵挡寒风，

云南泸西县城子村山水位置关系

起到了保温隔热的作用；房屋之间的距离受地形影响，在山脚较宽，越靠近山顶越窄，这样的结构使得山下的湿润风容易进入聚落，聚落内部的污浊空气可以得到更新。

自然环境在一定程度上约束了聚落的发展，为达到更高的环境舒适度古人在一定程度上使聚落融入环境，表现出一定的适应性。西南地区的彝族和哈尼族聚居于山地，为避免建房占用耕地，多选择在半山腰进行聚落的营建，由此形成了"林—村—田"的立体环境模式，以聚落为中心，山下为田或河流，山顶为风水林，打造出宜居的小气候环境。西南彝族和哈尼族地处亚热带区域，降水充足，植被旺盛，山间时常云雾缭绕。聚落在山腰的特殊位置使得聚落整体参与到水循环的小气候中去；充足的降水量使得农业生产得以发展，同时保证了水系内的水量。最为典型的应该是哈尼族的梯田模式，田地与河流中的水分蒸发，受河风影响水汽由山脚吹向山顶，经过聚落时带来湿润风，到达山顶汇聚于区域上方；当水汽遇冷时发生凝结，水汽经过物理变化产生降雨，山顶树林吸收一部分水分，而后雨水在重力作用下通过地表径流和地下渗流两种方式流向相对高程较低的农田及河流。水资源流入哈尼村寨，满足了哈尼族饮用、洗衣、洗菜等日常生活的需要，同时洗菜洗衣等产生的氮磷等营养物质及有机物等随水系沿山势流入梯田，被水稻分解、吸收，水源得到净化，也在一定程度上满足了水稻的营养需求[5]。"林—村—田"模式不仅利用水循环塑造良好的小气候环境，此过程还促进了能量及物质的传递过程。这正是彝族和哈尼族人民对自然环境长期适应的结果。

原生聚落根据当地的环境条件小气候类型进行布局，通过选择合适的营建技术和建造材料，打造出人类宜居的生活条件，其中包含了生态学、物理学等多方面因素。从提高生活环境的舒适度入手，利用科学手段打造环境友好型、资源节约型的宜居聚落环境。

2. 聚落营建的自律发展

自律发展的聚落营造阶段，表现出通过人工智慧主动营造良好微气候，表现在聚落形态上有机生长的生长模式，以及主动利用水土资源，兼顾气候与制度以获得较高舒适度生活的住居形态。聚落稳定后，人类对聚落环境进一步选择和改造适应，使其能够长期生存和稳定发展[6]。桃坪羌寨及色尔古藏寨兼顾居民用水和安全防御的水系组织，白雾村循环利用水资源依照地势高差修建

林—村—田水循环模式图

桃坪羌寨水系示意图

桃坪羌寨航拍图

成三级水源，都表明在聚落营造中开始主动地利用地域技术和地方资源，形成自律发展的地区营建体系。

桃坪羌寨地处高山谷底，寨子背后为雪山，先民将雪山融水产生的溪流引入寨子，由于山体落差较大因此在不需要人工作业的情况下就可将流水引向各家各户。雪山融水可以保证人们生活用水质量；同时也可满足防御要求，还可用于灌溉和消防。地下挖渠地上建房的方式使得当有战事发生时还可将渠道作为逃生、转移的通道。各家设有取水口，并用石板覆盖，取水时打开，平时盖上以减小流水声的干扰。由于气候过于干燥，人居环境并不特别理想，而引入室内的水体成了天然加湿器，

能够自然地增加房间内部的湿度，还可以调节室内温度，在炎炎夏季能给室内带来许多凉意，所以羌寨的水系也是天然的"绿色空调"，有对人居环境进行湿度和温度调节的功能[7]。

色尔古藏寨布置在山谷两侧，全寨以垒石为室，与山体环境融合为一体，具有较强的防御功能。寨内水系的古老特色体现在水路流向的多功能考虑以及和道路并行，寨内的空间变化也因水系错落有致[8]。寨民在山谷深处修建蓄水池，引高山雪水入寨，满足日常饮用、灌溉、消防等需求。水道系统穿寨而过，多顺延道路流经主要住宅后流向田地。水道采用明渠和暗渠两种方式进行布置，住宅区和公共区域为明渠，方便取水和改善聚落局部景观，暗渠部分多为道路狭窄地段，满足通行的基本需求；村民在水道落差较大的地方修建水磨坊，利用地势产生的水动力丰富生活，活跃景观。色尔古藏寨与桃坪羌寨具有一定的相似性，同是引用雪山融水满足生活所需，水道在布置上存在差异，桃坪羌寨的水系流经房屋，位于屋面地下，色尔古藏寨水系多与寨子内部道路并行。

白雾村由东西走向的"一字街"发展而来，是明清时期的主要驿道，水系沿"一字街"以明渠的方式布置，明渠上覆以大石板用作与商铺的连接。由于白雾村所处地势低且较为平坦，道路两侧分别布置水渠，方便取水；在原驿道基础上修建三级水源，分工明确，分别作饮水、清洗、灌溉等用途；三条水道相互分离，互不干扰，保证了水体质量；同时还可作为消防、灌溉等用途。

水系的不同布置方式正是藏羌人民对自然环境的适应与发展，在相似的需求下根据生活环境的不同产生了不同的水道布置形式，使生活条件得到提升；流水产生的噪声干扰借助石板减弱其影响，流水在满足生活需求的同时也参与到热舒适度调控中去，这正是人与自然和谐相处的传统模式，源于自然又高于自然。

3. 聚落环境的人为调控

人为调控阶段强调可持续发展的聚落营造，发展成为因地制宜、高效和谐、动态适应的模式，体现在聚落营建过程中将基础设施与景观营造高度整合，对废弃物再利用，住居中的被动式对策调节以获得舒适健康的环境等。丽江大研古镇利用高山雪水形成的"自我净化"系统，以及贵州鲍家屯的水系整治和灌溉系统都体现出更加系统高效的循环利用地方资源与材料，通过适应性技术来实现环境的可持续发展。

在对聚落环境的不断适应、发展过程中人们不断汲取经验，并对生活环境进行适应性改造来达到更高的舒适度。丽江大研古城虽为山城却有江南水乡的特点，古城之中水道棋布，三眼井与河道遍布全城，成为人们生活饮水、防火泄洪的主要工程；大研古镇拥有特别的自我净化系统，人们利用其丰富的水资源，白天水道自然流水供人们使用，晚上就将道路堵塞，拦截流水形成水坝，使水位上升没过路面，通过这种方式使路面上的垃圾漂浮，随水流一起冲走并集中处理；此种方式既节约了人力物力又是十分有效的清洁手段；为保证饮用水质量，居民规定早晚为饮用水取水时间，此时段不得做洗涤活动，且清洗衣物应在食物清洗段的下方，离水道较远的区块就在三眼井中取水；三眼井从高到低分为三个台阶，分别为三个相通的水塘，严格意义上讲最高的第一眼井用于饮用，第二眼用于洗菜，第三眼用于洗衣，同一水流经简单划分既保证了用水质量又实现了水资源的重复利用。古城中的人们经历数百年的经验积累，依托古城环境建造出井然有序的自然格局，使得古城与山水环境融为一体，和谐统一。

贵州鲍家屯处于喀斯特地貌区，特殊的地质条件使

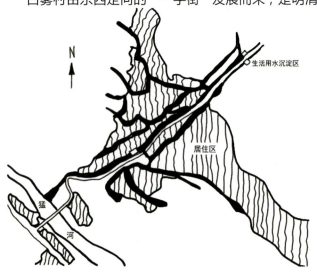

色尔古藏寨水系示意图

色尔古藏寨航拍图

白雾村三级水系示意图

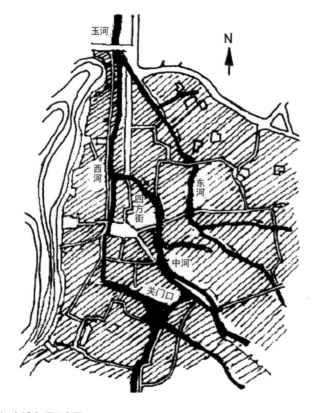

丽江古城水系示意图

生活条件的提升受到限制，村民利用石块拦水，用黄泥和石灰填缝，建起了行之有效的水利工程。受地质影响，该地区地下河与地上河交错出现，拦水坝的修建使水位升高，水量流失减少，更多的农田得到灌溉，减少了水资源的浪费；水大时坝顶可以溢洪，有的溢流面纵剖面为优美光滑的曲线构造；水小时水走龙口和渠道，坝顶可以走路[9]，满足了泄洪和交通的功能。鲍家屯人借助了水的重力作用，利用 8 座（现存 7 座）形态、高差各异的堰坝工程，实现系统化的自流式灌溉功能[10]。水体本身就是动态的环境，鲍家屯人对基础环境资源进行改造，布局合理，使水资源得到充分利用，实现灌溉、防洪、水利加工的作用，使得生活质量得到提高，环境因素变得和谐。通过不断学习与经验的积累，人们实现了对资源的高效利用，将自然材料通过技术加工实现环境的可持续发展。

4. 总结

西南地区居民受生活环境影响，在生存和发展上都受到约束。从人们适应自然条件采用因地制宜的方式进行聚落的营建，到利用自然资源修建水利工程改变自然环境，古人通过技术经验的积累逐渐形成了地域性的生产生活方式，不仅使自然景观得到改善更是打造出宜居的生活条件，提升了环境舒适度。这种与自然和谐相处的方式无疑与当代人的环保理念相吻合，本土材料的应用建造、重复使用，都可以为当代的新农村建设提供参考，对生态的可持续发展有重要意义。

总之，西南民族聚落在长期的演化进程中，展现出了对生态环境的保护、对地形地貌的利用、对自然植被的利用、对微气候的改善等，通过系统化的措施干预优化人居环境，使之转向低成本、低维护、低能耗模式，从而促进人居环境的可持续发展。这些为生态优先、最小干预、全生命周期与多尺度系统性低影响建设开发提供了科学的方法和营建导则。

参考文献

[1] 刘滨谊. 三元论——人类聚居环境学的哲学基础[J]. 规划师, 1999(02): 81-84+124.
[2] 业祖润. 传统聚落环境空间结构探析[J]. 建筑学报, 2001(12): 21-24.
[3] 翟静. 适应气候的沟谷型传统聚落空间形态解析[J]. 城市建筑, 2014(12): 32-32.
[4] 唐毅. 传统山地建筑的生态价值评析——以滇南彝族土掌房为例[J]. 中南林业科技大学学报（社会科学版）, 2013, 7(3).
[5] 高凯, 符禾. 生态智慧视野下的红河哈尼梯田文化景观世界遗产价值研究[J]. 风景园林, 2014(6): 64-68.
[6] 董芦笛, 樊亚妮, 刘加平. 绿色基础设施的传统智慧：气候适宜性传统聚落环境空间单元模式分析[J]. 中国园林, 2013(03): 33-36.
[7] 黄宏波, 吴小萱. 论桃坪羌寨的水系统之适应性[J]. 装饰, 2014(7): 101-102.
[8] 李军环, 夏勇, 张燕. 防御性聚落民居·色尔古藏寨[J]. 建筑与文化, (11): 214-216.
[9] 吴庆洲. 贵州小都江堰——安顺鲍屯水利[J]. 南方建筑, 2010(4): 78-82.
[10] 李婧, 韩锋. 贵州鲍家屯喀斯特水利坝田景观的传统生态智慧[J]. 风景园林, 2017(11): 95-100.

河南省光山县杨帆村可持续改造设计

Regeneration of Rural Settlements: Practice in Yang-Fan Village, Guangshan County, Henan Province

作　　者：廖含文 张建（北京工业大学）
项目地点：河南省信阳市光山县南部杨帆村
村域面积：746.8 公顷
项目时间：2013 年

情况介绍

杨帆村位于河南省信阳市光山县南部，属大别山余脉，鄂豫皖三省交会处。村庄由 26 个自然村组成，村域面积 746.8 公顷，2013 年常住人口为 3090 人。杨帆村因村东南建有一跨越红石河的杨帆古桥而得名，故又名杨帆桥村。

村庄始建年代不可考，但其是通往佛教圣地大苏山净居寺的门户。净居寺距杨帆村约 2.7 千米，始建于北齐天保年间（公元 554 年），宋乾兴元年（公元 1022 年）复建，为天台宗始祖庭（史称"大苏开悟"）。天台宗是我国最早创立的佛教宗派，对日本和韩国的佛教发展影响深远。鉴真和尚东渡之前曾在净居寺修法 8 年，苏轼、黄庭坚等历史名人也曾来此隐居并留有碑刻遗迹。

杨帆村所在的豫南地区属我国南北气候过渡地带以及荆襄文化和中原文化交汇区域，地分江淮，襟连吴楚，多种文化在此地碰撞交融。明清时期长江中下游的人口大迁徙，豫南大别山地区又接收了两湖以外的大量江西移民，带来了徽派建筑的很多做法，形成了过渡地带上独特的建筑风格。

杨帆村传统民居多采用抬梁式或抬梁穿斗相结合式的结构体系，以土坯砖或青砖筑墙并罩白（石灰刷白可防止土质外墙受潮受损），屋顶覆小青瓦，色彩与徽派民居相近，但通常没有马头墙。院落比例介于北方的"四合院"和南方的"天井院"之间，但保留了北方院落突出正房和倒座的体量，弱化厢房的特征。豫南井院式民居通常建有高大的门楼作为入口，并受风水文化中"青龙高万丈、白虎不抬头"的影响将门楼偏置于"青龙"（东方）方位。装饰上突出木雕、砖雕和石雕，雕饰多采用南方民居的做法。沿街的民居低层多装有可拆卸的木板门，便于室内外空间流通。

本项目的另一项重要工程是"复原"杨帆桥上的廊亭。杨帆桥始建于明代，为三孔砖石桥。很多本地人认为"杨

新旧建筑对比

改造后的杨帆村十字街效果图

帆"两字取自"扬帆远航"之意，暗示了该村历史上曾经具有水运集散的功能。并且本项目入选首批"全国村庄规划示范优秀成果"，其实施效果证明，合理改善人居环境质量有助于推动乡村社区的可持续发展。

Introducing

For thousands of years farming and rural community have played a significant role in shaping China's socio-economic tradition. Yet with the rapid urbanization process and the shift of economic pattern, China's vast countryside suffers an inevitable decline since the late 20th century. Aiming to restore the vigor and livability of rural settlements, formal planning and design instrument has been introduced to the village level as a legal framework to guide regeneration. The following paragraphs illustrate a pilot project commissioned by the Ministry of Housing and Urban-Rural Development in 2013 as one of the earliest village renewal plans in China after the Promulgation of the 2007 Urban and Rural Planning Law.

Bridge old photo

The project is to regenerate the built environment and landscape of Yang-Fan Village, Guangshan County in Henan Province. By doing so, the first goal is to improve the quality of life and socio-economic sustainability of the community. The secondary goal is to explore what would make a smart village plan in terms of implementation. Yang-Fan Village locates on the northern margin of the Dabie Mountain in central China. Its 97-hectare built-up area is the home to 3090 inhabitants spreading out on 26 naturally formed rural settlements. Despite the village's history can be dated back to the medieval time, especially linking to the growth of the nearby Jing-Ju Buddhist Temple (净居寺, est. 554 AD), most of the existing dwellings were built after the 19th century.

Photos of the bridge after the addition of the corridor bridge

Yangfan village is located in southern henan province, a climate transition zone between the north and south of China and an intersection area of jingxiang culture and central plains culture. It is divided into jianghuai and wuchu, where various cultures collide and blend. During the Ming and qing dynasties, there was a great migration of people in the middle and lower reaches of the Yangtze river, and the dabie mountain area in southern henan received a large number of immigrants from Jiangxi province beyond the two lakes, which brought many practices of Hui-style architecture and formed a unique architectural style in the transition zone.

Another major work is to "restore" the colonnade of Yang-Fan Bridge. Originally covered by a timber structured roof, the three-hole stone arch bridge was built in the Ming Dynasty (c. 1480). It is the oldest architectural heritage in the region. Moreover, this project was selected as one of the first batch of "excellent results of national village planning demonstration", and its implementation effect proves that reasonable improvement of living environment quality is conducive to promoting sustainable development of rural communities.

重庆市合川区塘湾村农宅节能性评定与规划优化设计

Evaluation and Optimization Design of Rural Residential Buildings in Tangwan Village, Hechuan District, Chongqing

作　者：史靖塬（重庆交通大学）李秋娜（重庆房地产职业学院）

项目编号：KJQN201900740

基金论文：该文为重庆市教委科学技术研究项目"乡村振兴背景下的重庆农宅生态品质提升技术研究"资助论文之一

摘要

本文以重庆市合川区塘湾村为例，选取该村典型性农宅作为节能性评定范本并探讨相关标准。节能性评定工作的核心内容可界定为基础分项与附加分项。基础分项主要包括农宅建筑节能与能源利用等基本要素；附加分项则以农宅室外风环境作为对象进行评定。进一步依据评定要素的重要程度，将基础分项与附加分项细分为各类大项与子项逐一分析。最后，针对重庆合川区塘湾村案例农宅节能性较低的评定结论，归纳主要问题并通过规划设计路径进行优化和引导。

关键词：重庆；农宅；节能性评定；规划优化设计

0. 引言

乡村规划工作是一项"接地气，解民忧"的任务，应以村民实际需求为核心，具体问题具体分析，方能将理论联系实际，在满足生态宜居的乡村振兴战略背景下，更好地为农民群众进行服务。在乡村规划中，农宅环境的节能性问题具有较强的典型性与针对性。当前重庆农宅环境规划建设活动中关于节能性案例研究相对较少，但因不重视节能而引发的潜在生态问题又较为严重，值得以点带面的实地分析。因此，本文确立"针对节能—建立标准—分值评定—发现问题—规划改进"的研究逻辑，依据实际案例，通过指标分值评定来分析农宅环境的节能性，以辅助农宅环境规划工作，并通过规划来解决指标所反映的主要问题。

1. 研究背景与节能评定标准

1.1 研究背景

案例农宅位于重庆市合川区双凤镇塘湾村，建于21世纪初期，共2层，建筑面积为202平方米，主要包括建筑实体和院落，周围由山体草木及水塘田地所环绕，具有典型的重庆地区散点式农宅环境特征。农宅采用的自助营建方式具有较强的普适性，反映出当代重庆普通农宅环境规划及建设的一般规律（见图1）。

1.2 节能评定标准

本文依据住宅生态建设相关的现行标准条文及节能评测软件，对农宅主要的节能性进行标准评定与分析。再针对评定后暴露的主要问题，选择具有可行性和可操作性的规划设计要素，进一步提出相应的节能性提升思路。

节能性评定的核心内容主要包括基础分项与附加分项。首先，建筑节能与能源利用是农宅环境节能性的基本体现和核心测评内容，因而作为基础分项进行评定。其次，室外风环境是农宅环境节能性的提升需要和优化测评内容，将作为附加分项进行评定。农宅环境的节能性评定主要以分数测评的方式进行。依据评定要素的重要程度，将基础分项及附加分项进一步分为各类大项与子项，仔细梳理每一单项并依据相关标准逐一给出分数。

2. 基础分评定：农宅节能与能源利用

2.1 总体说明

在农宅节能与能源利用评估的基础分中，采用控制项和评分项两类标准。

控制项旨在评估农宅室内环境是否符合国家现行节

图1　重庆市合川区双凤镇塘湾村农宅环境实地考察

能设计标准中强制性条文的规定。控制项主要包括：不应采用电直接加热设备作为供暖空调系统的供暖热源，冷热源、输配系统和照明等各部分能耗应进行独立分项计量，以及各房间照明功率密度值不应高于现行国家标准等3项内容，并以满足、部分满足、不满足等3类标准进行评定。

结合农宅节能评估的通用标准，将基础分评定的评分项具体分为农宅环境规划，农宅围护结构，供暖、通风与空调，照明与电气，以及可再生能源有效利用等5个大项，又分别细化形成16个子项。结合案例对象，通过子项逐一进行评分并计算总分，和满分值100分进行比对（见表1）。

表1 重庆合川区双凤镇塘湾村农宅的节能与能源利用基础分综合评定表

子项		编号	评定内容与标准	总分	设计评定	非参评分
控制项		1	控制采用电直接加热设备作为供暖空调系统的供暖热源	—	部分满足	
		2	冷热源、输配系统和照明等各部分能耗应进行独立分项计量	—	满足	
		3	各房间照明功率密度值不应高于国家现行标准	—	部分满足	
评分项	Ⅰ 农宅环境规划	1	农宅合理布局	5	5	
		2	合理朝向	5	5	
		3	自然通风环境的有效组织	5	5	
		4	院落内外绿化的合理配置	5	4	
	Ⅱ 农宅围护结构	5	围护结构热工性能满足并优于国家节能设计标准	10	0	
		6	门窗可开启部分能获得良好通风	6	4	
		7	节能型墙体、门窗、屋面的应用	4	0	
	Ⅲ 供暖、通风与空调	8	合理选择和优化通风、空调与采暖设备	7	7	
		9	制冷及采暖设备优于国家标准能效限值要求	7	0	
		10	采取措施降低部分负荷、部分空间使用下的通风、空调与采暖系统能耗	6	5	
	Ⅳ 照明与电气	11	走廊、楼梯间、门厅、卧室等场所的照明系统部分采取分区、定时等节能控制措施	6	1	
		12	照明功率密度值达到现行国家标准的目标值	8	4	
		13	合理选用节能型电气设备	6	3	
	Ⅴ 可再生能源有效利用	14	户用沼气能源的有效利用	5	0	
		15	秸秆能源的有效利用	5	0	
		16	太阳能的有效利用	10	10	
合计				100	53	
基础分得分					53	

2.2 控制项评定的分析

2.2.1 控制项一：控制采用电直接加热设备作为供暖空调系统的供暖热源

评定要点：高品位电能直接转换为低品位热能进行供暖或加热，热效率低，运行费用高，不利于能源节约与有效利用，应控制这种"高质低用"的能源转换利用方式。

案例评定：本农户的电取暖器、电热水器、空调等能满足国家节能标准，但尚未采用高性能设施，部分满足评定要求。

2.2.2 控制项二：冷热源、输配系统和照明等各部分能耗应进行独立分项计量

评定要点：在建造或改造设计时，使农宅内各能耗环节如冷热源、输配系统、照明、热水能耗等都实现独立分项计量。

案例评定：农宅主要能耗环节是电能，已设置电表进行独立计量，满足评定要求。

2.2.3 控制项三：各房间照明功率密度值不应高于国家现行标准

评定要点：国家标准《建筑照明设计标准》GB 50034—2013规定了各类房间或场所的照明功率密度值，分为"现行值"和"目标值"。其中"现行值"是新建或改造农宅必须满足的最低要求。而"目标值"则要求更高，是未来努力的方向。

案例评定：按照《建筑照明设计标准》中要求的功率密度现行值设计各场所的照明，需要应用节能型灯具，本农户部分灯具满足此评定要求。

2.3 评分项评定的分析

2.3.1 评分项一：农宅环境规划

农宅环境规划评定可分为4个子项：农宅合理布局、合理朝向、自然通风环境的有效组织及院落内外绿化的合理配置。在调研中发现，案例农宅建于较高的平坝处，利用高差并与场地自然地形结合较好，整体布局较为方正，故体形系数较小，有利于节能。农宅南北朝向，四面开窗的方式较合理，有利于采光和日照，也有效组织了室内通风环境。院落周边绿化保存较好，有益于微环境调节。同时农宅也存在院落内未进行绿化组织等问题，有待改善。

可针对上述现状进行自评：农宅合理布局子项5分，合理朝向子项5分、自然通风环境的有效组织子项5分、院落内外绿化的合理配置子项4分（见表2）。

表2 重庆合川区双凤镇塘湾村农宅环境规划评定表

编号	评定内容	评价分值	自评得分
1	农宅合理布局	5	5
2	合理朝向	5	5
3	自然通风环境的有效组织	5	5
4	院落内外绿化的合理配置	5	4

2.3.2 评分项二：农宅围护结构

农宅围护结构评定包括3个子项：围护结构热工性能满足并优于国家节能设计标准、门窗可开启部分能获得良好通风及节能型墙体、门窗、屋面的应用。

根据重庆地区夏热冬暖的气候特点，案例农宅围护结构的热工性能应以隔热功能为主。依据普遍的评定依据，围护结构热工性能需满足并优于国家现行节能设计标准规定，才可得分。本农宅采用传统建造方式，并未考虑围护结构节能需要，更难以优于现行节能标准，本项不得分。

农宅门窗可开启部分能获得良好通风的普遍依据是

外窗可开启面积比例，并以 30% 和 35% 两个指标为评分标准。经统计，案例农宅外窗可开启面积达到 30%，本项可得 4 分。

在节能型墙体、门窗及屋面的应用方面，案例农宅未选用节能墙体材料，热桥部位未经处理，门窗与屋面也均为普通营造方式，本项不得分（见表 3）。

表 3 重庆合川区双凤镇塘湾村农宅环境围护结构评定表

编号	评定内容	评定依据	评价分值	自评得分
5	围护结构热工性能满足并优于国家节能设计标准	围护结构热工性能比国家现行节能设计标准规定的提高幅度达到 5%，得 5 分；达到 10%，得 10 分	10	0
6	门窗可开启部分能获得良好通风	农宅外窗可开启面积比例达到 30%，得 4 分；达 35% 以上，得 6 分	6	4
7	节能型墙体、门窗、屋面的应用	节能墙体材料、中空玻璃窗、绿化屋面等节能措施的应用程度	4	0

2.3.3 评分项三：供暖、通风与空调

供暖、通风与空调是农宅环境中的主要家电设备，其评定一般可包括 3 个子项：合理选择和优化通风、空调与采暖设备，制冷及采暖设备优于国家标准能效限定值要求，采取措施降低部分负荷、部分空间使用下的通风、空调与采暖系统能耗。

案例农户所采用的电取暖器、电热水器、空调等家用设备均为合格产品，各项性能参数明确。参照当前市场上通行的各类厂商及其产品的相关性能参数，案例农户中的各项设备能够满足国家节能标准的最低要求，即二级能效标准。本项得 7 分。

在评定对象中，如果其制冷采暖设备的节能性优于国家相关标准《公共建筑节能设计标准》GB 50189—2015 的规定，可以在较大程度上提升农宅室内环境的节能效果，因此其构成了较为重要的评判标准。目前案例农户中采用的相关设备仅能达到国家节能标准的最低要求，无法达到优于国家节能标准的程度，有待在未来改进。本项得 0 分。

案例农宅的主要房间均设有可开启的外窗，且自然通风良好。各房间的朝向则依据客厅、卧室等功能进行区分，而供暖和空调区域也依据使用频率有所划分。这些措施可有效降低负荷，减少各类房间的通风与空调能耗。本项得 5 分。（表 4）

表 4 重庆合川区双凤镇塘湾村农宅环境供暖、通风与空调评定表

编号	评定内容	评定依据	评价分值	自评得分
8	合理选择和优化通风、空调与采暖设备	房间温度调节器和家用燃气热水器等相关设备符合《房间空气调节器能效限定值及能效等级》《转速可控型房间空调器能效限定值及能效效率等级》《家用燃气快速热水器和燃气采暖热水炉能效限定值及能效等级》等现行有关国家标准规定	7	7
9	制冷及采暖设备优于国家标准能效限定值要求	空调与供暖等系统的冷、热源机组能效均优于上述国家标准	7	0
10	采取措施降低部分负荷、部分空间使用下的通风、空调与采暖系统能耗	合理开窗，区分房间的朝向，细分供暖、空调区域，对系统进行分区控制。	6	5

2.3.4 评分项四：照明与电气设备

照明与电气的评定包括 3 个子项：走廊、楼梯间、门厅、卧室等场所的照明系统部分采取分区、定时等节能控制措施，照明功率密度值达到现行国家标准的目标值及合理选用节能型电气设备。

照明系统的分区、定时等节能措施的目的是尽量控制照明的无效时间，以有效节约电能。该子项相对要求较高，因此只需部分满足要求即可。但案例农宅受现阶段条件所限，除一灯一控外无法满足，本项得 1 分。

案例农宅的主要功能房间照明功率密度值需要达到现行国家标准《建筑照明设计标准》GB 50034—2013 中的现行值规定。现阶段条件有限，且农户并未有此意识安装合适灯具，仅有主要功能房间满足要求，无法在所有房间区域达到标准，此项得分为 4 分。

在节能型电气设备方面，需要对配电变压器等主要电气设备、水泵及风机等其他电气设备，以及照明电气设备等节能性有所要求。在案例农宅中，其采用的三相配电变压器能够满足现行国家标准的相关节能评价值要求，即其变压器空载损耗和负载损耗值不高于《三相配电变压器能效限定值及能效等级》GB 20052—2013 中的 2 级数值。在水泵及风机等其他设备方面，案例农宅不能满足相关现行国家标准的节能要求。此外，农宅有一处房间选用了一盏节能型灯具，但并非主要房间且所占比例较低，故部分达到评分要求。综合以上情况，案例农户的节能型电气设备子项得 3 分。（表 5）

表 5 重庆合川区双凤镇塘湾村农宅环境照明与电气设备评定表

编号	评定内容	评定依据	评价分值	自评得分
11	走廊、楼梯间、门厅、卧室等场所的照明系统部分采取分区、定时等节能控制措施	根据房间使用的不同特点和要求，采用一灯一控、多灯一控、隔一控或分区控制的方式进行控制，按需要开启照明灯数；楼梯间、走廊等处的照明灯采用声光控开关（或定时开关）控制，可人走灯灭；室外照明灯采用光电自动（或定时）开关控制，使灯具能根据天气的明暗程度自动开启或熄灭	6	1
12	照明功率密度值达到现行国家标准的目标值	照明功率密度值达到现行国家标准《建筑照明设计标准》GB 50034—2013 中的目标值规定。主要功能房间满足要求，得 4 分；所有区域满足要求，得 8 分	8	4
13	合理选用节能型电气设备	三相配电变压器满足现行国家标准《三相配电变压器能效限定值及能效等级》GB 20052—2013 的节能评价值要求。水泵、风机等设备及其他电气装置满足相关现行国家标准的节能评价值要求。选用节能型灯具	6	3

2.3.5 评分项五：可再生能源有效利用

可再生能源有效利用的评定包括户用沼气能源的有效利用、秸秆能源的有效利用、太阳能的有效利用等 3 个子项。户用沼气并非适用于所有乡村地区，秸秆能源

利用技术也相对要求较高，因此各设为5分，相关子项不得分。太阳能设备相对较易安装且应用较广，设为10分。案例农宅屋面架设太阳能热水器一具，有效利用太阳能解决生活用水加热问题，该子项得10分。（表6）

表6 重庆合川区双凤镇塘湾村农宅环境可再生能源有效利用评定表

编号	评定依据	评价分值	自评得分
14	户用沼气能源的有效利用	5	0
15	秸秆能源的有效利用	5	0
16	太阳能的有效利用	10	10

3. 附加分评定：农宅场地风环境分析

在案例评定工作中，除了上述的基础分评估，还针对易影响节能性、农户身心健康与舒适度的风环境，建立了附加分的简要评定标准，以期进一步分析并优化农宅环境的节能性。评估采用分析软件并明确相关标准，主要为农宅场地风环境的各类子项。

采用PHOENICS建筑通风软件，对不同季节下的农宅场地风环境进行分析。主要内容是在夏季、冬季与过渡季等季节中，针对农户场地的风速与风压情况进行评测。

夏季与过渡季，对案例农宅环境的风速测评显示，农宅场地范围内均未出现无风区，总体上对节能性和人居品质的影响较小。但夏季周边存在旋涡区，存在不利影响，因此本项不能得分。

夏季与过渡季，对农宅环境的风压测评显示，农宅50%以上可开启外窗内外表面的风压差均在1.5 Pa以上，大于相关规定的0.5Pa，有利于夏季自然通风并改善室内热环境，达到节能目的。本项可得满分2分。

冬季，对农宅环境的风速测评显示，周边区域风速基本在0.18～1.87 m/s之间，周边人行区域距地1.5 m高度处最大风速为1.87 m/s，风速放大系数约为0.985。本项满足相关规定要求，可得满分2分。

冬季，对农宅环境的风压测评显示，农宅户型大多数迎风与背风面表面风压差满足不大于5 Pa的相关规定。但因农宅迎风侧少部分户型前后风压差大于5 Pa，故本项得2分中的1分。

此外，农宅场地周围较大面积地种植了符合重庆地区气候条件的乔灌木，有利于良好风环境的形成并利于节能。依据相关标准，农宅周边范围内的户外活动场地有乔木遮阳面积能够达到20%，故可得满分3分。

综合来看，不同季节中案例农宅场地的风环境除局部问题外，基本能符合节能性与舒适要求，本附加分项合计可得满分10分中的8分。（表7～表9）

表7 重庆合川区双凤镇塘湾村农宅场地风环境的附加分项评估

季节		评价标准	评价分值	自评得分
夏季与过渡季	风速	场地内农户活动区不出现涡旋或无风区	1	0
	风压	50%以上可开启外窗室内外表面的风压差大于0.5Pa	2	2
冬季	风速	农宅周围人行区风速小于5m/s，且室外风速放大系数小于2	2	2
	风压	农宅迎风面与背风面表面风压差不大于5Pa	2	1
		农宅周边户外活动场地有乔木遮阳面积能够达到20%	3	3
总计			10	8

表8 不同季节下，重庆合川区双凤镇塘湾村农宅的风速环境测量与分析

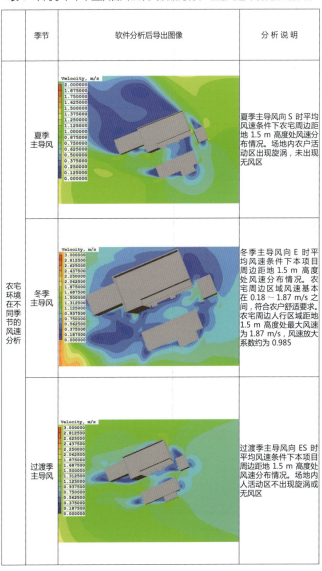

表9 不同季节下，重庆合川区双凤镇塘湾村农宅的风压环境测量与分析

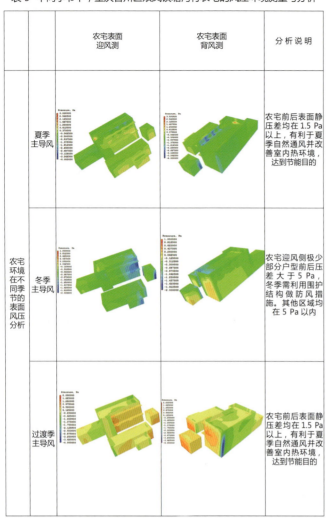

4. 问题总结与规划优化路径

通过评估，可知案例农宅的控制项部分满足要求。基础分满分100分，实得53分；附加分10分，实得8分；最终总分为61分，其节能性较低。针对评定结果，可以总结主要问题，并通过规划手段进行改进和引导。

控制项评定方面：农户采用的家用电器能满足国家基本节能要求，但有待于进一步优化。建议在未来经济水平提升的状态下，选用更具节能效果的电取暖气、热水器、空调等高性能设备，如满足国家2级能效要求的高性能热水器等。

评分项评定方面：案例农宅存在院落内绿化不足，围护结构热工性能较差，节能型墙体材料、门窗及屋面的应用缺失，灯具照明功率密度值不达标且节能灯具应用过少、可再生能源利用不足等问题。结合实际情况，建议采用经济性好且可行性强的改进方法。首先，合理规划庭院内绿化和适度栽培植物，并在屋面局部规划和种植植物，以改善农宅环境的微环境。其次，有效处理墙体围护结构的热桥部位并引入双层玻璃窗等简易节能构造。再次，换装高效节能电子镇流器，功率因数在0.9以上的节能灯具，如紧凑型节能吸顶灯、高效节能型荧光灯等，同时引导农宅照明功率密度值达到现行国家标准。在未来发展中，农户或可进行可再生能源的进一步提升应用。

附加分评定方面：农宅迎风侧极少部分户型前后压差大于5 Pa，不满足相关规定，冬季可结合围护结构采用防风措施。

5. 结语

本文以重庆市合川区塘湾村典型农宅为例，进行农宅环境的节能性标准评定并提出节能优化思路，这类评定工作可以启发并促进重庆乃至周边地区的乡村农宅生态规划工作。未来工作中，可以在本文思路引导下进一步尝试建立重庆乡村农宅生态规划的评价体系。在必要数据的支撑下，设定不同规划层级的各项生态指标因子、评分细则和加权依据，以更有效地提升各类生态适应性规划要素的标准化与科学性，为相关生态规划建设工作的启动和评估提供依据。

（注：本文英文版已被《ARGOS》2019年36卷录用）

参考文献

[1] [美] 兰德尔·阿伦特. 国外乡村设计 [M]. 叶齐茂，倪晓辉，译. 北京：中图建筑工业出版社，2010.

[2] 陈易，等. 村镇住宅可持续设计技术 [M]. 北京：中国建筑工业出版社，2013.

[3] 邓延陆. 新乡村生态农舍建设 [M]. 北京：中国环境科学出版社，2011.

[4] 冯维波. 重庆民居下卷（民居建筑）[M]. 重庆：重庆大学出版社，2018.

[5] 李振宇，等. 不同地域特色的农村住宅规划设计与建设标准研究 [M]. 北京：中国建筑工业出版社，2013.

[6] 刘先觉，等. 生态建筑学 [M]. 北京：中国建筑工业出版社，2009.

[7] 芮玮玮，应迅. 村镇住宅建筑节能的适用技术研究 [J]. 建筑节能，2010(2).

[8] 陶雪娟. 乡村生态环境保护 [M]. 上海：上海科学技术出版社，2013.

[9] 王舒扬. 中国乡村可持续住宅建设与设计 [M]. 南京：东南大学出版社，2014.

[10] 赵万民. 山地人居环境七论 [M]. 北京：中国建筑工业出版社，2015.

[11] 张泉，王晖，梅耀林，赵庆红. 村庄规划 [M]. 北京：中国建筑工业出版社，2011.

村落自我建造系统需求与更新
——以贵州榕江大利村调研访谈为例

Self-Construction and Update——A Case of the Rongjiang Village

作　者：孔德荣（清华大学建筑学院）

中国处于高度城市化进程中，区域产业和经济结构在改变，大量的人口由乡村迁往城镇，传统村落原有系统失效和滞后，不能适应当代发展的需求，现有系统的适宜性不足，其主要问题是更新需求和动力与原有系统的不符合，同时政府及各界参与和推动下的村落自我更新系统还在适应与吸收过程中，并不完善。这是一个宏大且长时间存在的问题，为使讨论能够被控制在一定范围内，本文将以贵州榕江县大利村侗族村民的具体居住需求来讨论村落的自建系统更新。

社会发展中的系统衰落

从传统的农耕社会到工业和商业为主导的社会，侗族村落的生产系统、社会系统、建筑系统都在改变。在这过程中传统工匠系统与现代乡村建造系统相互协调和交流较弱，其当代适宜性和更新不足。如原有村落建造系统：村落工匠对传统建筑技术和材料熟悉，材料的特性和建构特点在建造中是一致和可控的，其长时间的实践形成稳定的材料选择、建造技艺、结构和房屋形式。但在功能、空间布置、节能保温、建筑内部品质、基础设施方面都难以满足现代村民的居住需求。工匠对现代材料和技术不熟悉，运用和吸收还不是很协调。

在以上背景下，下面为作者在 2019 年 7 月 25—27 日于贵州省榕江县大利村（图 1）进行的居民对现有房屋需求评价的调研访谈，以作为未来更新设计策略的分析基础。在访谈期间室内温度区间为 26～29℃，湿度区间为 72%～86%；室外温度区间为 26～32℃，湿度区间为 64%～88%。该村砖木混合结构与木结构的房屋比例已经接近 1∶1 的比例，底层架空和完全坐地的基础形式也接近 1∶1。

1. 温度

在室内温度评价的访谈中，白天房屋中 23.76% 的人觉得温度适中，64.36% 的人觉得有点热；夜晚时 60.4% 的人觉得适中，14.85% 人觉得有点冷，23.76%

图 1　贵州省榕江县大利村

的人觉得有点热。这说明房屋在白天的室内温度依然相对偏高，需进行对应的降温和隔热设计，以获得较为舒适的室内温度，而晚上则有相对较好的退热效果，但仍有改进空间。

2. 湿度

在对房屋内湿度的评价中 11.88% 的人觉得比较潮湿，33.66% 的人觉得有点潮湿，42.57% 的人觉得适中；同时 42.57% 的人希望干燥一些，49.5% 的觉得可以维持现状。因为该区域的外环境湿度较大，导致室内湿度也相应较大，室内需要采取通风或其他建造方法来进行排湿，如当地采用的底层架空通风。

3. 光线

在对白天室内亮度的评价中 46.53% 的人认为比较暗，33.66% 的人认为不暗也不亮，14.85% 的人认为比较亮；对于白天室内亮度满意的评价中 10.89% 的人不满意，34.65% 的人刚好不满意，45.54% 的人刚好满意；同时 62.38% 的人希望家里亮一些，34.65% 的人认为可以维持现状。这都反映了房屋采光差，村民有提高室内采光的需求。出于保温和安全的需求，传统的侗族房屋一般开窗都比较小，所以造成采光面积小，同时长时间居住使用后，室内建筑地面、墙面、吊顶的裸露木板多变为深色，不能很好地反射光线，进一步加剧了室内光环境昏暗的情况。

4. 空气

在室内空气的评价访谈中，51.49% 的人认为无异味，35.64% 的人认为稍有异味，11.88% 的人认为有异味。对于空气异味的原因判断中，18.81% 认为来自牲口棚，17.82% 认为来自厕所，11.88% 认为来自水沟，还有少数人认为来自地面、木板、烧柴、霉味等。在对家室内气味满意度的评价中，72.28% 的人认为满意，11.88% 的人刚好不满意，6.93% 的人不满意。以上数据反映，大家对空气质量的评价尚可，但也反映出当地房屋内外功能和设施组织建造的不足，如对家禽养殖、卫生设施、排污的提升需求。

5. 噪声

在对室内噪声感觉评价中，46.53% 的人认为没有噪声，21.78% 的人认为有轻微噪声，29.7% 的人认为有噪声。在对噪声来源的判断中，15.84% 的人认为来自邻居家，13.86% 的人认为来自河水溪流，6.93% 的人认为来自学校和学生，少数人认为来自楼板和楼梯。室内噪声情况满意程度的访谈中，59.41% 的人刚好满意，16.83% 的人刚好不满意，10.89% 的人不满意。以上的评价中一方面反映出侗族村落本身噪声源较少，多来自生活活动和外部自然环境，能够提供给大多数人一个可接受的声环境，另一方面是房屋本身在隔音和减震方面的不足，特别是普遍使用的 2 厘米厚的木板墙壁，难以有效隔音，同时村民习惯开门窗通风采光也使得隔音效果进一步降低。

6. 舒适度和满意度

对室内环境（综合考虑温度、湿度、吹风感等）舒适度的评价中，61.39% 的人认为舒适，34.65% 认为稍不舒适。总体说来，在对自家房屋满意度的评价中，58.42% 的人对自己房屋表示满意，22.77% 的人认为一般，13.86% 的人认为不满意。从上面的数据可以看出，当地房屋能够提供一定的舒适度和满意度，但村民仍然有提升居住品质的需求和意愿。

在进一步的调研访谈中，得出满意的原因如样式好看（装饰丰富、形体丰富、样式传统、外表干净）占 40.59%，生活习惯占 40.59%，耐久占 45.54%，不潮湿占 55.45%，夏天凉快占 28.71%，冬天暖和占 14.85%，造价低占 20.79%，通风好占 21.78%。以上结果说明村民对传统样式，以及传统生活方式的认可程度依然较高；夏季和冬季的热舒适度认可不高，但夏季的降温效果对比冬季的保温效果的认同度略高，所以冬季的保温需求更加需要提升；房屋有较好应对湿度的表现，也能够有一定的通风效果；村民认为房屋有较好的耐久性，造价一定程度上也可接受。总体看来，并没有特别突出的原因选择，这说明建筑的表现并非十分优异，但能满足人们生活的基本需求，有一定的接受程度。

在不满意的原因中不防火占 71.29%，隔音差占 55.45%，内部功能、设施缺乏、缺少（供水、排水、燃气、厕所、洗澡、取暖、热水）占 31.68%，生活使用不方便占 12.87%，隔热差，夏天热占 18.81%，保暖差，冬天冷占 9.9%。在不满意原因的评价中，特别突出的是建筑防火需求，这在侗族村落是被普遍认同的重要问题；在隔音方面，村民有明确的对于隔音的需求；在房屋的内部功能、设施和生活方面，村民有明显的提升需求；而对于夏季隔热降温，冬季保温提升也有一定的需求。

7. 房屋对比

大利村中有穿斗木结构房屋（图 2）、砖木混合结构（图 3）、砖墙承重结构等三种房屋。在对村落中的房屋评价中，认为穿斗木结构房屋好的占 37.62%，认为砖木混合结构房屋好的占 32.67%，认为砖墙承重结构（砖混）房屋好的占 28.71%。他们的选择比例类似，说明这三种房屋的适宜特性各有不同，同时村民的居住习惯也有其差别和选择倾向，综合说来，这三种房屋都没展示出特别好的总体表现。

图 2　穿斗木结构房屋　　　　图 3　砖木混合结构

而分别给出的主要原因如下。

（1）穿斗木结构：样式好看占 47.37%，不潮湿占 47.37%，造价低占 21.05%，耐久占 63.16%，通风好占 26.32%。在形式的认可方面，作为传统房屋形式的穿斗木结构房屋有较高的认可度，村民也认为该类房屋有很好的耐久性，尽管其防火需求也同样的高；该类房屋也有较低的造价和较好的通风。

（2）砖木混合结构：冬天暖和占 18.18%，夏天凉快占 33.33%，样式好看占 21.21%，功能齐全多样占 12.12%，结构安全牢固占 21.21%，生活使用方便占 18.18%，耐久占 30.3%。砖木混合结构房屋在耐久和夏天凉快这方面相对突出，在样式和牢固方面有一定的认可度，但其总体选择原因的比例不高。

（3）砖墙承重结构：冬天暖和占13.79%，夏天凉快占41.38%，功能齐全多样占37.93%，结构安全牢固占10.34%，生活使用方便占58.62%，隔音好占72.41%，防火占62.07%。砖墙承重结构的房屋在隔音、防火、生活方便方面比较突出，在夏天凉快和功能齐全方面有较高的认可度。

但以上三类房屋在冬天保温表现认可度方面都比较低，说明房屋的保温功能需要进一步提升。如木板的导热性不强，是很好的保温隔热材料，但因为当地木墙板为2厘米厚，在夏季日照时，可以遮挡太阳辐射，但本身会逐渐升温，所以并不能很好地隔热（图4）；而在冬季时则会向外导热。相对来说现代应用的砖砌墙体，因为厚度相对较大，砖墙保温隔热的表现要优于单层的木板。同时拥有相对较高的热容，在夏天白天会吸热，晚上放热保持热平衡（图5），但在冬天则会持续吸热，室内温度相对较低。另外对于砖墙承重结构房屋，其水泥地基会在夏天和冬天吸热，在夏天能够提供相对凉爽的局部温度，但在冬天则需要更多的供热才能获得相对舒适的温度。

需求与可能

在村民对房屋需求的排序选择中，功能好用排第一（平均综合得分4.29），牢固安全排第二（平均综合得分4.03），内部环境好（通风好、光线好、空气好、冷热舒适）排第三（平均综合得分3.95），成本合适排第四（平均综合得分3.85），房子好看排第五（平均综合得分2.52），外部环境好（屋前、巷道、街道、景观）

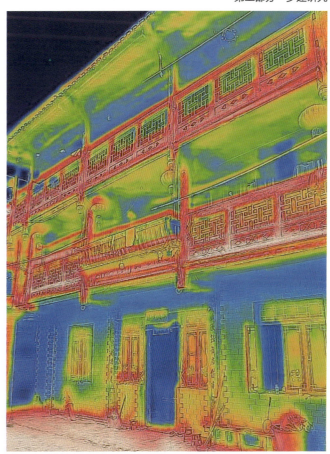

图5 砖木混合结构房屋热成像图

排第六（平均综合得分1.77），建筑文化排第七（平均综合得分0.07）。从以上综合排名可以看出村民首先需要的是良好的居住功能配置和组织，现在大多房屋的厨卫设施分离，或者在设计和空间组织上没有良好的表现；与其综合评分接近的结构安全和耐久性也是评价一个房屋的重要标准，因此在设计中可优先考虑这两个方面。其次为综合评分与上面两项接近的内部环境和成本，在前面的问卷访谈中可以看出，村民对房屋的室内温度、湿度、光线、空气、噪声满意程度方面都不高，还需进一步提升，同时由于地方经济的限制，成本也是需要被考虑的重要因素。而房屋的外观、外部环境的排序则靠后，综合得分较低；建筑文化这一个选项则排名最后，且综合得分非常低。这也说明在村落房屋这个发展阶段，对于村民来说建筑的基本需求是主导的，其次为内部环境的舒适性，然后美观和外部环境为相对较弱的需求，而建筑文化在这一阶段则基本被忽视，只有当前一个需求被满足后，村民才有提出进一步提升和改善生活环境的可能。

传统村落自建系统的更新是地域化的，受当地使用者和建造者的影响，但这要求长时间的实践、吸收和调整，

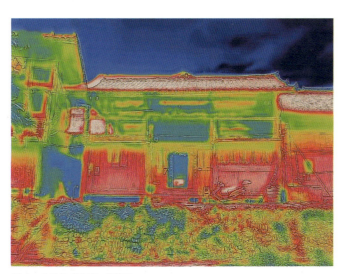

图4 木结构房屋热成像图

相比上百年形成的自建系统，目前的村落自建系统正处于一个更新和选择阶段，不仅是因为相对较短的二三十年实践经验吸收和认知不足，也是未曾经历的多种材料、技术、形式、文化带来的认识和选择的难度，表现出不成熟和多方面的不适应问题及矛盾。村民自建的房屋需要回应自然因素、社会因素、建造因素、经济因素等，追求安全和居住舒适性，关键是这些变化是否符合当下阶段人们的需求，是否能被人们认识和掌握这些变化。

同时以技术为目的的改造并非难以克服的问题，而困难的是面对多种需求的整体组织方式及其组织策略。这一困难不仅是村落自建系统所面对的，也是广大经历专业教育的建筑师所面对的，如对于村民来说不那么重要或不自知的建筑文化，却是建筑师所面对的文化焦虑，是地方特性对普遍性的对抗。地方的特殊性产生于多方面，也来源于需求组合本身的特殊性，其面对的需求和问题是有主次、顺序和不同阶段的。本文所涉及的只是作为一个极其宏大的长期工程的前期调研，提供一个调研和初步的分析，其认识和可能是多元化的，为后续的分析和设计策略提供基础，从具体需求出发。

参考文献

[1] 陆元鼎. 中国民居建筑[M]. 广州：华南理工大学出版社，2003.
[2] 韦玉姣. 民族村寨的更新之路——广西三江县高定寨空间形态和建筑演变的启示[J]. 建筑学报，2010(3)：85-89.
[3] 程海帆，李楠，毛志睿. 传统村落更新的动力机制初探——基于当前旅游发展背景之下[J]. 建筑学报，2011(9)：100-109.
[4] 赵晨，李昌平，王磊. 乡村需求与建筑师的态度[J]. 建筑学报，2016(8)：46-52.
[5] 王竹，郑嫒，陈晨，钱振澜. 筒屋式村落的微活化有机更新——以浙江德清张陆湾村为例[J]. 建筑学报，2016(8)：79-83.
[6] 党雨田，庄惟敏. 为乡村而设计：建筑策划方法体系的对策[J]. 建筑学报，2019(2)：64-67.

乡村传统工业文化创意小镇规划策略研究
——以那柯里茶马驿站文旅小镇为例

Rural Traditional Industrial Culture and Creative Town Planning Strategy —— A Case Study of Nakeli Tea Horse Station

作　　者：尤娟娟（中国建筑设计研究院城镇规划设计研究院）许可（重庆交通大学建筑与城市规划学院）
文章来源：重庆市社会科学规划项目（项目编号：2018BS51）

1. 引言

随着我国大众旅游的兴起和蓬勃发展，消费者的旅游需求愈加旺盛，传统的以展示自然资源为主的观光旅游已无法很好地满足人们日益增长的旅游需求，文化旅游日受青睐。在此背景下，文旅小镇作为文化旅游融合重要业态、突破城乡矛盾的重要举措，开始逐渐兴起，目前已发展成为目前我国中小城市和特色小城镇发展的最主要形式。

文旅小镇最初形态是满足观光旅游需求的城镇发展模式，早期形态是以江南古镇和丽江古城、平遥古城等为代表的古城古镇。旅游行业的更新发展也促使文旅小镇逐渐向休闲度假小镇转型升级，成为兼具公共属性和商业属性的文旅小镇。其中，文旅小镇的规划设计多是以当地民俗文化为特色，相对而言，针对兼具民俗文化特色和传统工业文化特色的小镇规划设计并不多见。

中国工业遗产保护逐渐兴起，社会关注程度日益加深，也获得了更多有利的政策支持。2006年，国家文物局发布了《关于加强工业遗产保护的通知》（文物保发〔2006〕10号），对加强工业遗产保护提出明确要求。2018年11月，国家工信部发布了《国家工业遗产管理暂行办法》（工信部产业〔2018〕232号），旨在推动我国工业遗产的保护和管理。具有工业文化特色的建筑和城镇是我国文化遗产的一种重要类型，它见证了人类工业文明的发展历程，记录了工业文明发展的历史状况，具有非常重要的历史、社会、建筑学价值。本文以那柯里茶马驿站文旅小镇为例，探讨山地小镇如何围绕当地传统工艺，体现乡村工业特色，以适应当地新的文旅小镇规划功能发展需求的策略实践。

2. 项目背景

那柯里村对外交通便捷，依山傍水，生态环境良好，曾经是古普洱府茶马古道上的一个重要驿站，村子里的马古道遗址保存较完好，属于县级文物保护单位（图1）。那柯里村落不大，全村66户，以当地本土居民为主，且大多为少数民族（1/3的居民为彝族，1/3的居民为哈尼族）。2007年6月3日，在遭遇6.4级强震之后，那柯里民房严重受损，目前大部分建筑均为震后原址重建，因此建筑形式呈现出多元的民族风格。现存传统特色建（构）筑物有：荣发马店、古道陈列馆、风雨桥、茶马古道遗址、洗马台等（图2）。

图1 区位关系

图2 场地现状

3. 场地现状的价值分析

3.1 历史文化价值

3.1.1 茶文化价值

村落所属的宁洱县是世界茶树原产地的中心地带和茶马古道的源头，自古以来就是茶马古道上独具优势的货物产地和中转集散地，具有悠久的历史。居住在这里的人们自古就形成了种茶、制茶、售茶、品茶、赛茶的习俗，茶是当地居民生活的必需品，也由此形成了源远流长的茶文化。

3.1.2 传统工业文化价值

村落中现有保存状况良好的传统制茶作坊，其原生态的文化空间和生产场所形成特色鲜明的乡村传统工业文化。这些作坊建筑除了涉及生产问题的建筑结构外，还结合了当地建筑风格和形式，体现出高超的建筑艺术。同时，建筑场所的设计也记录了传统的手工制茶技术，其独特的工艺程序和技艺，蕴含了当地传统手工制茶工艺的文化精髓，承载着丰富的工业技术价值（图3）。

3.2 生态环境价值

场地位于峡谷之中，规划范围内坡度较缓，两侧山体坡度在35度左右。场地植被以山林和荒草地为主，局部区域有少量茶田。场地内部有一条溪水由西向东穿流而过，溪水由上游流淌下来的山泉水汇聚而成，清澈明净。

4. 设计构思

在规划设计中，传统手工制茶的工业文化会贯穿于村落特色风貌的分区塑造（图4）。整体设计会围绕传统工业文脉的挖掘和拓展，结合当地传统工业特色的茶文化和作坊文化，以保护优先为原则，运用茶工业特色符号进行保护和更新设计，旨在打造以茶道文化、手工制茶、售茶、研学为一体的产业链条，为重振乡村传统工业和打造富有地域文化特色的文旅城镇提供基础环境和条件（图5）。

图3 制茶作坊的文化活动

图 4 总平面图

4.1 蕴含地域传统手工业特色的工业风貌区

传统手工作坊与工场、店铺都属于古代社会的工商业组织,也是近现代社会工商业组织的组成部分。当地茶文化不仅表现为当地极富地域特色的茶道民俗,更体现为普洱茶叶制作的传统工业文化。首先,利用现存保护状况良好的手工作坊建筑,通过采用与当地传统建筑相符合的形式、材料,使其与周围环境完整统一,活跃立面的历史元素,达到了保护与更新设计的目的(图6)。

其次,利用现状建筑扩建打造茶马古道传统手工业文化体验馆,通过覆土建筑的处理手法将建筑隐于山中。以茶马历史文化展示宣传功能以及茶具展览、普洱茶手工制作、品茶茗茶的传统茶文化体验功能为核心,形成那柯里的茶马文化聚集点,吸引全国乃至世界范围内的游客来这里参观、研究、体验厚重灿烂的茶马文化(图7)。

4.2 富有传统茶道工业特色的手工制品展览区

依托工业风貌区的传统手工作坊和手工业文化体验馆,在物质与非物质文化遗产整体保护、传统工艺与经济效益相结合的原则下,打造茶叶手工制品的展览区,通过构建记忆保存和乡愁留恋的集合空间,传递古马茶道的记忆。同时融入特色业态,包括:餐饮小吃、特色旅游工艺品售卖等,为游客展示和介绍传统工业制品特点,并满足游客的购娱需求(图8)。在展览区的附属建筑设计中,再现传统工艺造型、点缀传统装饰,融入民族纹样以及乡土元素,并利用当地传统手工业遗产环境具有不可替代的天然优势,让建筑融于山林,形成游览观赏的连贯性(图9)。

本文中"那柯里茶马驿站文化创意小镇规划设计"项目是作者在北京土人城市规划设计有限公司时参与负责的项目,感谢项目组成员对本项目的辛勤付出。

图 6 研学综合体

图 7 手工业文化体验馆

图 8 手工制品展览区

图 5 手工制茶产业链

图 9 展览区附属建筑